社會在走，歷史要懂

呂捷開講

呂捷 著
蠢羊 繪

目錄

—序—

歷史能幫的不只是升學考試，更是人生的考試

「歷史是個任人打扮的小姑娘」，或許對大部分人來說就是這樣。但對一個學歷史的人來講，我們的工作就是幫這位小姑娘「卸妝」，有時候近乎「毀容」。禪讓，真的是這麼一回事嗎？商紂王真的有那麼壞嗎？周幽王真的是放煙火放倒的嗎？

一直以來，我們的教育體制都在要你「學」，但鮮少提到怎麼「思考」、怎麼「用」。如此一來，歷史變成了枯燥無味的年代與人名，只為了應付一連串的考試，或是……一次考試。而我們往往都在追求一個標準答案，或者是在上位者給你一個標準答案。

構成一段歷史，必須有三個元素：史料、史實、史觀。我們用史料來還原史實，用史實來發展出屬於你的史觀。你必須透過思考來得到屬於你的觀點，這段歷史才

會變得有意義。

很多人問我，為什麼會想讀歷史系？為什麼會對歷史有興趣？嘿！你哪一隻耳朵聽到我說「我對歷史有興趣」？回想大學聯考放榜那一天，我看著榜單愣在那裡，我考上了從來沒有想過的歷史系。沒錯！我填錯志願了。聽起來很荒謬，但卻異常真實。

在踏入補教業之後，「歷史」支持著我的生活用度。而在有了小孩之後，我開始思考「歷史」可以帶給學生什麼？是為了考試的時候多對一題？多拿那兩分、三分、五分嗎？

不，我希望歷史能幫孩子的不只是升學考試，更是人生的考試。

讀歷史是件有趣的事。往小的講，當你感到失落、低潮，覺得自己身處十八層地獄的時候，就翻開史書找一個比你更衰的人，你會發現，原來地獄還有第十九層！痛苦，是比較出來的；當你覺得人生攀上顛峰、志得意滿時，也可以翻開史書，你會反思自己的渺小與微不足道。

往大的講，一個決策、政策的推行，你想了解成效如何可能要三、五個月，甚至是三五十年。讀歷史，你只要翻到下一頁就知道結果了，是不是很有效率！太陽底下沒有新鮮事，既然有前例可循，「照貓畫虎」並非難事。但如果少了「思辨」這個環節，可能就會……「畫虎不成反類犬」！

歷史就是故事，我們都喜歡聽故事，也在故事中得到啟發。而且歷史是公平的，不管當代的權勢者怎麼去打扮它、掩蓋它，總有一天會還它公道，雖然遲來的正義不一定是正義，但它可以給我們一些警惕。

說實話，寫書是一件非常硬的事。這本書我寫了四年，不是我很認真，而是因為我斜槓得非常徹底，翻譯成白話文叫做：「不務正業」。雖然早就過了最後的交稿期限，但出版社依舊耐心等待，只是「噓寒問暖」的次數增加了……

今年（二〇二一）五月母親節過後，新冠肺炎疫情大爆發，臺灣也瞬間被按下停止鍵。我所有的工作因而全部停擺，以往的忙碌也化作無奈的沉澱。其實就是每天在家，沒事就躺在沙發上看電視、滑手機，活像顆加大的麻糬！就這樣，兩三個禮拜過去了……

在一個白天沒事幹，晚上睡不著的深夜，我坐在陽臺點了根菸。

「曾經那個少年，四十歲了，三少四壯，我還有多少時間能浪費？」

「如果有一天，驀然回首，我會怎麼看待這段日子？」

「疫情總有一天會過，再這樣擺爛下去，我以後還有意志力、行動力面對挑戰嗎？」

「疫情之下，我還能做什麼？」

我對自己做出了靈魂拷問……

於是乎，我開始寫書，完成那未完成的稿件。

哥教的不是歷史，是人性。只是我在教人性的過程中，拿歷史出來舉例而已。千古歷史在變，而人性不變。現在發生的事情，以前一定發生過。以前發生的事情，以後一定還會再出現，只是用的工具不一樣而已！這本書將從遠古開始進入，帶著你一起走入歷史，幫你面對人生的每一場考試。

第 1 章

這不是歷史是考古：
史前時代

對於「歷史」這兩個字的定義，
各個學派都有不同的見解。
當年讀研究所的時候必修的一門課「史學導論」，
就是花一整年的時間來討論，
歷史是什麼？
什麼是歷史？
而歷史的本質為何？

1. 歷史是什麼？

記得曾經有位學長在期末的時候交了一份報告〈歷史是什麼？歷史又不是什麼？〉當時的授課老師是個港仔。

老師：「各位同學，這個某某某同學，能想到這個題目不容易啦！歷史是什麼？歷史又不是什麼？這個什麼跟什麼！」

然後這個學長就被當掉了……

對大多數的人來說，歷史就是過去發生過的事情。那我們當年學的北京人、山頂洞人呢？也算是歷史嗎？

嘿！在這裡給大家一個簡單的定義，「文字」出現之後才叫做歷史。因為有當代的文字做佐證，所以那時發生過的事情相對是可信的，因此我們也稱之為「信史時代」。那文字出現之前呢？就叫做史前。那怎麼了解史前發生過的事情呢？

一般來說，目前大多數學者認同的見解是，中國最早的文字是商朝的甲骨文和金文，所以商朝以前一般視為「史前時代」。沒錯！那個大禹治水的夏朝就是史前時代無誤！

要怎麼了解文字出現以前所發生的事情呢？清末史學大家王國維提出了二重證據法，「考古」加上「傳說」！如果考古出土可以跟傳說相互映證配合，那「史前時代」所發生的事情就相對是可信的。

那怎麼了解考古呢？已故的臺大校長傅斯年先生說：「上窮碧落下黃泉，動手動腳找東西！」找什麼？找考古遺址囉。

2. 舊石器時代

你我都很熟的北京人

史前時代，通常簡單分成舊石器、新石器和金屬器時代。而以中國史來說，舊石器時代以北京人和山頂洞人為代表。

從考古遺址的出土文物中我們發現，北京人時代距今約五十萬年前開始，過著採集漁獵的生活，已經會打製、敲製石器，並且已知用火。

其中以已知用火最為重要！火可以照明、可以取暖，火讓人類進入熟食，火改變了人類的生活。在遠古時代，太陽一下山就一片漆黑（就像某政府單位的監視畫面一樣）你什麼都沒得搞。但自從有了火，夜晚也可以找事幹，人類的活動時間因此延長了。而且火可以取暖，當然這一點對臺灣人來說沒什麼感覺，畢竟臺灣氣候四季如夏、熱情如火，尤其身為高雄人的我感受特別明顯。但中國北方就不一樣了，記得有一次我看新聞，哈爾濱今年是暖冬，面對二十六年來最熱的冬天，平均溫度零下十一度！注意喔，這可是暖冬蛤！

當然更重要的是火讓人類進入了熟食的時代，這絕對不僅只是從吃沙西米變成吃巴比Q而已，而是用火改變了人類的體質。綜觀自然界，只有人類可以控制火、運用火，當然……也是有失控的時候啦……

火讓我們從生食進入熟食的年代，而熟食改變了人類的體質，也延長了人類的平均壽命。在生食的年代裡，我們的攝菌量太多，體內容易有寄生蟲，影響了人類的壽命。但是進入熟食時代就不同了！高溫可以殺菌也破壞食物的肌肉纖維，所以壽命延長了、體質也改變了！

我們都知道人是從猴子進化演變而來，最大的差別在哪裡?!尾巴從後面進化到前面嗎？那是生理構造！

是牙齒啦！猴子有尖銳的獠牙，因為他們吃的是生食，需要靠尖銳的獠牙來撕裂食物。中秋節烤肉（也不知道為什麼中秋節都要烤肉）的時候你怎麼知道肉有沒有熟？讓爸爸吃吃看嗎？隔天烙賽就知道了……呃……這個方法不好吧！簡單啦，戳戳看就知道了。戳得過去表示肉有熟，因為高溫已經破壞了食物的肌肉纖維。

中國人的祖先到底是誰？

講到這裡有個問題想跟大家聊聊，北京人到底是不是中國人的祖先？以往的說法大多認為北京人是中國人的祖先，但是隨著人類學家不斷的研究，我們發現北京人不但不是漢族的祖先，甚至可能不是黃種人！

想知道你身上有沒有漢人的血統，相傳可以看小腳趾的指甲外側有沒有裂開，左腳裂左邊、右腳裂右邊。我們臺灣人的ＤＮＡ是很複雜的，身上有漢族的ＤＮＡ，也有南島族的ＤＮＡ，還有百越族、荷蘭人、新住民和阿拉伯人的ＤＮＡ。所謂百越族的ＤＮＡ主要來自客家人，而臺灣曾經被荷蘭人統治過，所以有荷蘭人的血統也很正常，新住民這個不用我解釋。啊……怎麼會有阿拉伯人的血統呢？

臺灣歷史上有一段時間叫做清領時期（一六八三～一八九五），清領時期又分成前期和後期，前期臺灣的閩南移民大多來自泉州和漳州。在元朝的時候，泉州港是世界第一大港，而在地理大發現之前，來中國從商的外國人主要就是阿拉伯人。很多阿拉伯人來中國做生意之後就沒有回去，定居在中國。正所謂：「日久他鄉變故鄉。」之後也就跟著把阿拉伯人的DNA帶到臺灣來囉！所以如果你去雲林臺西一帶，有很多姓「丁」的就是阿拉伯人的後代。

順帶一提，每個民族的DNA都有他的bug，例如：漢人的基因容易患有色盲，百越族的基因比較容易有鼻咽癌，荷蘭人的DNA罹患僵直性脊椎炎的機率比較高。所以混血是好事，讓基因得到交流，避免過於相似的基因產生遺傳性疾病。

還有一種血統是非常特殊的，這種血統天生就帶有非常旺盛的生命力與戰鬥基因。來！伸出你的右手，食指跟中指併攏，摸一下你的尾椎……有沒有摸到尾巴！有的話您就有賽亞人的血統！

有審美觀的山頂洞人

據說山頂洞人才是中國人的祖先之一。我們在山頂洞人的洞穴裡面發現了用野獸骨頭做成的針，做針要幹嘛？當然是要縫製衣服囉。所以我們判斷山頂洞人已經開始穿衣服了。也發現一串用野獸的骨頭和牙齒做成的項鍊，所以我們可以判斷，他們已經有審美觀了。

更重要的是，我們發現了一隻用鹿茸做成的棒子，鹿茸也就是……鹿耳朵裡面的毛……喂！你應該不會這麼沒常識吧！

鹿茸是鹿的角，這是非常珍貴的。而這麼珍貴的材料做成的棒子，象徵一種指揮權，有指揮就有被指揮，因此我們判斷當時應該已經出現社會組織了。

⊕ 舊石器時代教我們的事

你有沒有想過一件事情，如果要到百貨公司買一雙鞋子，男生會直接到賣鞋的專櫃，然後看到一雙合適的款式，接著問一下有沒有自己的尺碼，試穿、合腳、走人。

女孩子就不一樣了，這可是個浩大的工程！

首先，她們會先到一樓的化妝品專櫃逛逛，試試眼影、畫畫腮紅、擦擦唇蜜，看看有沒有新的產品問世。然後再到二樓逛逛精品、看看包包，接著到三樓、四樓買個衣服。

換季大拍賣！不買是阿呆！

再到九樓看一下生活用品，既然到九樓了，那順便逛一下十樓的寢具好了。腳走痠了，跟姐妹到十二樓喝個下午茶好了。

ㄟ……怎麼好像有一件事情還沒做？啊對了！買鞋！於是在逛了十五間賣鞋的門市之後，發現第三間那雙款式最喜歡，再回去看看。回到第三間試穿，並在鏡子前面擺了九個 Pose 之後，發現這雙鞋子和我的包包不搭……（我的老天鵝啊！鞋子到底關包包什麼事，妳用腳提包包嗎？）所以繼續逛第十六間好了！

在舊石器時代，人們過著採集漁獵的生活，女的採集、男的漁獵。也因此影響到幾十萬年後，男女之間不同的消費模式。

男生負責打獵，但現實裡沒有多少動物是人類打得過的，好不容易遇到了有把握的，當然立馬出手。而女孩子就不一樣囉，她們看著一片果園，可以慢慢挑、慢慢試，這個酸，不要！這個硬，不要！這個好，但是後面還有很多果樹ㄟ……那再看看好了。

3. 新石器時代

農業出現，國家也出現了

新舊石器時代最大的差異，不在於石器的製作方法，而是農業的出現。距今約莫一萬年前，人類經歷了最後一次冰河期。當冰河期來臨時，出現了大規模的物種滅絕，造成大量動物死亡。該死的都死光了，那食物的來源怎麼辦？

這個時候，我們突然發現有一種東西會從地上自己冒出來。沒錯，就是植物！你不理它，它也會自己結果實，果實還可以吃。而果實裡面有一些硬硬的不能吃，你得把它吐掉。這些吐掉的東西後來也長出了植物並結了果實，於是人類發現，植物是可以培養的。漸漸的，農業出現了。人類從採食的年代，進入了產食的年代；從大自然的寄生者，變成大自然的生產者。

我常說，舊石器時代的人類每天只有兩件事情做，一是追著獵物跑，二是……被獵物追著跑。（你跟老虎單挑誰贏？哪來那麼多武松！）種田就不一樣了，至少農地不會跑。糧食來源變得相對穩定，人類壽命自然也就延長了。

農業的出現改變了人類的生活。不是每塊土地都種得出東西，當這塊土地種得出東西的時候，大家就會來這邊住，形成聚落。種得出東西的土地變成一種資源，有資源就會有人來搶。當有人來搶的時候怎麼辦？我們就得拿起武器保護土地面對戰爭。戰爭是需要組織動員的，那個負責指揮組織動員的人，我們就稱之為村長、酋長或是頭目。而頭目憑什麼可以指揮大家？因為他擁有權力！

來！見證奇蹟的時刻到了！這塊土地是我們的，我們當然要把它圍起來；聚落裡面有人口；古代有一種武器叫做「戈」；象徵國王的權力的東西叫做「權杖」。我們將土地、武力、人口和權力，放到燒杯裡面隔水加熱，再用玻璃棒攪一攪，會出現化學變化！

口（圍土地）＋戈（武力）＋口（人口）＋一（權杖）＝國

賓果！沒錯！國家出現了！

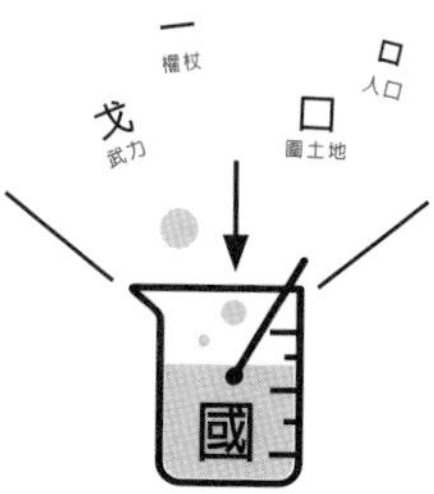

所以農業的出現不只改變了人類的生活，也改變了人類的社會和政治。我們從聚落變成城邦，由城邦走向國家。

還沒完喔！收成那麼多農作物怎麼辦？總不能就把它撒在地上，所以你要有容器儲存。怎麼取得容器？用泥土捏一捏就變成了容器，再用火烤一烤增加它的硬度，就變成陶器了。

仰韶文化和龍山文化

國高中歷史課本都教過我們，仰韶是彩陶，龍山是黑陶。仰韶的彩陶是用捏的，龍山的黑陶是輪轉法，也就是最原始的手拉坏，但是我不打算跟大家聊它到底是九十奈米製程還是二十五奈米製程。

我們在仰韶遺址的中間發現了一個大方屋。而龍山遺址除了中間有個大方屋以外，旁邊還出現了一堆小方屋。

大方屋有什麼作用？它應該是用來集會討論公共事務，以及存放公有的東西，小方屋則應該是居民用來存放自己的東西。由此推論，私有財產開始出現，社會也由貴賤之分走向貧富之別。

⊕那些小方屋教我們的事

電影《賽德克．巴萊》裡有一段精采的對話。原住民籍的警察花岡一郎得知大頭目莫那魯道有反日之心，試圖用被日本統治的好處與進步來說服莫那魯道打消念頭。

花岡一郎：「給日本人統治有什麼不好，日本人帶來了郵局、學校、雜貨店。」

莫那魯道：「給日本人統治哪裡好？那些郵局、學校、雜貨店只會讓他們（族人）看到自己的貧窮。」

這段對話帶給電影院裡的我相當大的震撼！

物質文明的確帶給我們便利，但有帶給我們真正的幸福快樂嗎？當我們擁有越多，理論上生活會越好，我們也會越快樂。但真的如此嗎？

有人向達賴喇嘛提出過一個問題：「關於人性，最讓您感到驚訝的是什麼？」

達賴喇嘛回答：「人類，為了賺錢，他犧牲健康。為了修復身體，他犧牲錢財。然後，因為擔心未來，他無法享受現在。就這樣，他無法活在當下。活著時，他忘了生命是短暫的。死時，他才發現他未曾好好的活著。」

我們想辦法把沒有變成擁有，而擁有了就害怕失去，失去了就要花更多力氣去把它找回來，如此一來，陷入一種患得患失的無限循環。

我們長期被教育著要文明與進步，看著一個又一個成功的樣板。而現在的文明與進步，似乎變成一種壓抑情緒的禮儀和物質生活的滿足；成功也被簡化成無止境的掠奪，對財富、權力的掠奪……貴與賤、富與貧、無與有，都是比較出來的。正所謂：「痛苦是比較出來的，不比較就不痛苦。」聖嚴法師說：「人們需要的東西不多，想要的東西太多。」這不是要大家放棄一切遁入空門，超脫六道輪迴、臻於涅槃，而是希望大家給自己一點思考的空間與時間。**物質帶給我們的是快樂還是煩惱？追求物質的背後是愉悅還是煩躁？**

4. 神祕的北緯三十度

早期因為大漢人主義的影響，所以很長一段時間都認為文明起源於黃河流域。隨著考古人類學的進步，以及許多遠古文化遺址的出土。我們發現除了黃河文明還有長江文明、珠江文明、古蜀國（三星堆）文明，形成多元並立說。這幾年在中國政府御用學者的宣傳之下，更有文明源自於中國說，把北緯三十度的文明統統吃一遍豆腐。

很多節目與網路影片都提到過北緯三十度線，許多神祕的遠古文明都在這一帶產生。包括：瑪雅、巴比倫、金字塔、印加、亞特蘭提斯、三星堆……族繁不及備載。為什麼會有這麼多古文明在這條線上呢？是不是外星人留下來的？是不是在遙遠的數千年前，有一個更高的文明在統治地球呢？

我告訴你。都！不！是！那為什麼北緯三十度是這麼多古文明的發源地？原因很簡單，因為這一代氣候宜人，適合人類居住。所以人很多，古代人沒什麼娛樂，原始信仰的色彩又濃厚。人一多自然會幹出一些你現代人想不到的事情。

你說那些文明為什麼突然就消失了？

第一，古代人對天災的抵抗力很低，一場天災，颱風、地震、河水氾濫、火山爆發，就能毀掉整個文明。

第二，天災後隨之而來的瘟疫大流行，也可能造成文明滅絕。

第三，糧食生產與儲存能力不足，一旦發生飢荒，能跑的跑掉、跑不了的死掉，一樣會造成文明的毀滅。

第四，戰爭。原始的戰爭往往追求的不是屈敵，而是種族與文明的滅絕。

最後，其實它並沒有神祕消失，只是你太常看電視而又沒看書查證而已。馬雅人依舊存在，沒有被外星人接走。隨著更多的考古發現、文物出土，讓我們得以一窺究竟。

想知道你身上有沒有漢人的血統，相傳有個方法就是看小腳趾！
喔喔！
我來看看我的…
報告老師，這怎麼看？
我說是漢「人」！你是羊啊！
!?
欸等等！羊為什麼是肉球？

第 2 章

傳說不只是傳說：
三皇五帝與夏

一般來說，我們以文字的出現為基準。
文字出現以前我們稱為史前，
文字出現之後概稱為歷史時代，
或是信史時代。

想了解史前時代只能靠考古和傳說，
而傳說時代大約也就是我們常聽到的三皇五帝，
和大禹治水的夏朝。

1. 三皇五帝時代

歷史上最有名的偶像團體：三皇

三皇，也就是歷史上最有名的偶像團體……不是啦！是三位遠祖、三個「氏」。哪三個「氏」？眾多古書和各派說法不一，但伏羲氏、神農氏算是固定班底。其他還有燧人氏、共工氏、女媧氏、祝融氏不等……ㄟ！屈臣氏不算喔！為什麼會這樣變來變去？因為遠古的傳說時代並無文字史料做佐證，所以會有不同的說法和傳說很正常，有興趣的話，你也可以把香吉氏和幫寶氏加進去，只是考試不會考而已。

目前大部分比較能接受的說法，「三皇」這個偶像團體，是由燧人氏、伏羲氏、神農氏所組成的。

而這三個人到底是不是真實存在過？不知道！因為他們是傳說時代！再複習一

次，文字出現之後才叫做歷史（信史）。那為什麼還要討論這三個人呢？因為他們象徵的是人類文明的發展。

燧人氏教我們鑽木取火，所以已知用火。讓我們從吃「沙西米」變成吃「BBQ」，因此推斷燧人氏是燒烤店的始祖。

伏羲氏教我們養殖畜牧、創造八卦，所以祂應該是酪農業和新聞業的始祖。說到八卦，有一個說法是這樣的……女媧（也就是人頭蛇身、補天的那位）是伏羲的妹妹。又有一派說法，認為女媧是伏羲的老婆。如果照《史記》司馬遷的說法，「三皇」指的是「燧人、伏羲、女媧」，那他們又是同一個偶像團體的成員。看來，伏羲氏的私生活有點複雜……

吼！伏羲氏創造的八卦不是這種八卦啦！其實，遠古時期沒有婚姻制度也沒有儒家倫理的觀念，所以放眼各國的遠古傳說或神話故事，你會發現都有亂倫或不當私生活的情節。臺灣也不例外，泰雅族也有類似的故事，希臘神話中的宇宙之神宙斯更是葷素不忌、生冷不拘，亂到不行。所以酸民們別再上網罵伏羲了。

而神農氏除了教我們種田以外，還去嚐百草做醫學上的人體實驗。注意！是他去嚐百草，不是叫你去嚐百草，你知道神農氏的遺言嗎？「X……這個草有毒！」然後傳說上加上一筆，神農氏，卒。

好啦，胡鬧完之後還是要跟大家聊聊，神農氏到底哪裡重要。他讓人類從大自然的寄生者變成大自然的生產者，讓人類從「採食年代」進入「產食年代」。

以前的人過著採集漁獵的生活，食物來源並不穩定，農業的出現改變了人類的生活。上一章提過，遠古人類每天只有兩件事情做，一、追著獵物跑；二、被獵物追著跑。你跟獅子單挑誰贏？

而農業出現之後，人類的生活變得相對穩定。你看過獵人追著獵物跑，但你看過農夫追著農田跑的嗎？土石流不算喔！以前一堆人去打獵只能養活一餐，現在一個人去種田可以養活一堆人，食物來源漸漸變得穩定，人類的壽命也就延長了。當人類可以不用為三餐而奔波時，便開始有了思考的時間與空間，也因此加速了文明的進展！

講完三皇聊五帝

根據司馬遷的說法，五帝為「黃帝、顓頊、帝嚳、堯、舜」，來，讓我們用閩南語唸一次，是不是會變成：「皇帝全是豬哥夭壽。」嗯，我喜歡司馬遷的見解。

據說，黃帝發明了醫藥、宮殿、指南車，還打敗了南方的蚩尤，黃帝的老婆嫘祖會養蠶取絲，黃帝的史官倉頡還會造字。冰友啊！一個人能做這麼多事情嗎？不可能！所以黃帝象徵的是華夏上古文明的總合。

黃帝打敗了南方的蚩尤這件事倒是值得一提。據說蚩尤長得銅頭鐵額、八肱八趾、人身牛蹄、四目六手，嘴巴打開還會冒黑煙……這明顯是受核輻射汙染所產生的變種生物，跟酷斯拉一樣！其實，這是北方民族對南方民族的汙名化，為何蚩尤長相如此有型？因為南方民族有黥面的習俗，臉上的刺青嚇到了北方人，所以才有這麼驚人的描述。那為什麼蚩尤嘴巴打開還會冒黑煙，難道是口臭嗎？不！因為南方盛產菸草，所以蚩尤有抽菸的習慣。在此也提醒各位親愛的讀者，吸菸有礙身體健康，呂捷關心您。

黃帝擊敗蚩尤一統中原後沒多久，各個部族又開始頭角崢嶸、不安於室，再度天下大亂。黃帝請人畫了蚩尤像，讓大家以為蚩尤還沒死，以此震懾天下，於是八方萬邦再度來朝，奉黃帝為天下共主。

⊕黃帝教我們的事

這個故事有幾個有趣的點想跟大家分享。人們往往在面對危難、生死交關時才會學乖。一旦危機解除又會故態復萌，批判攻訐那個幫助過他們的人，甚至必致其死而後快。所以帶領著英國走過二次世界大戰的前英國首相邱吉爾在敗選之後說：「對政治領袖無情，是偉大民族的標誌！」所以被人背叛？很正常啦！被一個你曾經竭力幫助過的人背叛？也很正常啦！還記得我在上一本書中說過的話嗎？

義氣是個屁！

那……我以後該怎麼辦？還要不要幫助別人？還是可以，你就把這當成人性的光明面或投資。既然是投資，就請記住：「投資理財有賺有賠，申購前請詳閱公開說明書！」

有這樣的「公開說明書」嗎？有！人生的歷練就是一部說明書，別人的經歷也是一部說明書！「歷史」就是古人的歷練，所以，學歷史除了考個好成績，在你的人生中還是很有用的！

你可能會說：「可是我的投資都沒有回收，每次投資都失敗……」這表示你的歷練還不夠，才會「目睭糊到蜆仔肉①」，請慎選投資標的。這樣很壞嗎？不！這就是歷史，歷史就是人性！

溫馨提醒：朋友們，如果你自願當工具人或提款機，在被發好人卡的時候，請不要到網路上討拍。你沒有很偉大，只是投資失敗。

黃帝還教會我們一件事，那就是，領袖總是喜歡製造一個假想敵或終極目標給你！然後高呼：「讓我們打倒○○○吧！讓我們完成ＸＸＸ吧！」以這種方式來讓人們團結、害怕、憤怒、瘋狂，或是充滿希望。

所有作為與這目標牴觸者無效，所有思想與這個理想不同者就是該死。在這面大旗之下，他可以為所欲為，鞏固權力，而你呢？你是誰啊？有沒有覺得這個狀況聽起來很熟悉？不要亂猜！我是在講黃帝！黃帝！黃帝啦！

不過，歷史本來就是不斷的重演，有興趣你也可以套用看看，不管是工作職場、社會組織、同儕團體、角頭幫派還是……政治，一體適用。

不過，不論如何，黃帝的手段還真的是滿高明的！

堯舜時代

五帝裡面對於顓頊和帝嚳記載真的不多。據載，顓頊少時有謀但沉默寡言，治理「九黎」一帶成效極佳，被封於「高陽」，所以我們稱其為「沉默的高陽」……這樣你也信喔！ㄟ～我怎麼想到邱淑貞②。好啦不開玩笑！再複習一遍，傳說時代沒有文字紀錄，資訊不多就別強求了。

堯，他是帝嚳的次子，也是道教諸神中三官大帝的天官大帝。帝嚳原本將皇位傳給了長子「摯」，但是摯在位九年之後發現能力不足，所以將皇位禪讓給了弟弟堯。該怎麼形容堯？「勤政愛民，節儉成性。帥哥！」堯曾說過：「如果有一個人挨餓，就是我餓了他；如果有一個人受凍，就是我凍了他；如果有一個人獲罪，就是我害了他。」這簡直是比溫家寶的「我來晚了！」更令人動容。

堯的個性有多好，由於我們這裡不是聯誼配對節目，所以我就不多談了。比較有趣的是他設立「諫鼓」，也就是他弄了一面大鼓和一塊留言板，如果你對政府有什麼建議或有什麼不滿，都可以擊鼓倡言或寫在留言板上面。某種程度來說，這算是有史記載以來最早的BBS站，如果是在現代，那堯就是PTT站長了！

邱吉爾曾說：「酒吧關門時我就走。」花開花落有時盡，堯也會面對生命終點的考驗。

皇位怎麼辦？他想傳給有德有賢有能之人。問身邊大臣孰能勝任之？眾人皆曰：「我不行！」何以如此？官場上竟是如此謙讓，跟我們的立法院都不一樣，呃，我是說，真乃君子之邦啊！

你正在為這個畫面感動嗎？**那就太天真了**！

當皇帝問：「你們誰可以當皇帝啊？」你立刻舉手答「有！」還急著說：「我可以！我可以！」這不是找死嗎？想篡位也要懂得掩飾，不然不是連「高義③」都不如！

於是大家都打了個安全牌，推舉了親爹不疼、後母不愛、弟弟討厭的「舜」！並述說著舜是如何有德，走路靠邊走、保護流浪狗、見人就點頭、睡醒不記仇，每個禮拜還扶老太太過馬路三次。於是乎，堯決定把舜叫來當官實習！

「差呼！上賊下之情，下賊上之心，吾見上下交相賊矣！」④

堯知道他年紀大了，當時已年過九十，兒子又平庸無德，身旁之人必定虎視眈眈。所以拋出一個想退休的風向球，讓這些大臣們的心情從冒天下之大不諱取而代之，變成等待時機。俗話說：「放屁安狗心！」而這些大臣們也知道，這個時候舉手答「有！」有殺頭的風險，槍打出頭鳥，所以打了個安全牌推薦舜。

在實習這段期間，堯知道舜有德，但也想知道他的能力好不好，所以決定將兩個女兒娥皇、女英嫁給舜，試試看他的能力好不好……喂！不要想歪，是要試試看他「齊家」的能力怎麼樣啦！古人講究「修身、齊家、治國、平天下」，正所謂：「任何成功都不能彌補家庭的失敗。」家都搞不定了，你還想平天下？

最終舜不負所托，以一敵二，克服萬難得到最後的勝利！眾官員遇到舜這個影帝級的狠角色，左手翻雲、右手覆雨、大小通吃、整碗端走，幾個棒槌也只能乾瞪眼流口水了！

⊕舜教我們的事

舜幫我們上了一堂職場政治學。

當你把別人當傻子的時候，往往你才是傻子。包裝、形象、行銷跟能力是一樣重要的！空降的往往是狠角色，尤其是……他是老闆的女婿！他是老闆的女婿！他是老闆的女婿！很重要所以要講三次！

有關係就沒關係、沒關係就找關係，找到了關係就沒關係，真的都沒關係……就想辦法和他發生關係！

就此，舜繼承大統！特別一提，舜也是三官大帝中的地官大帝。如果讓我形容舜，那應該就是：「知人善任，演技很好。帥哥！」

晚年的舜依照慣例要將大位「禪讓」給有德有賢之人，於是輪到治水的大禹粉墨登場了。

①目睭糊到蜆仔肉：閩南語俗諺，意指看不清真相。

②邱淑貞：香港女演員，電影《沉默的羔羊》不是她主演，她主演的是《赤裸羔羊》，至於為什麼講到羔羊就想到她，嗯，男性朋友們你們若是看過這部電影，就會知道我為什麼對這部印象比較深刻了。

③高義：經典電影《賭神》裡的大反派，香港演員龍方飾演，在電影中耍陰招，背叛陷害周潤發飾演的高進，讓人恨得牙癢癢。

④節錄自歐陽修《縱囚論》。

2. 史上第一個王朝，夏朝

媽，我從哪裡來的？

傳說大禹的爸爸叫做「鯀」，因為治水失敗而被殺頭。但大禹到底怎麼來的？如果我們只講滾床單，似乎有違「偉人誕生，天有異相」的慣例，來跟大家聊聊另一個關於大禹的傳說。根據《竹書紀年》所說：

禹母見流星貫昴，夢接意感，即吞神珠……而生禹。

也就是說，大禹他娘有一天在看獅子座流星雨的時候，突然有通靈的感覺，玄幻之間，吞下了一顆「神珠」，然後就生下了大禹，姑且不論這個說法太不科學，我想跟大家討論的不是那個「神珠」的材質和成分，而是這個故事背後的意義，以及為什麼會有這樣的故事流傳？

其實很多傳說故事是有背景可供參考的，這和遠古的母系社會有著密不可分的關係。以前的人沒有婚姻制度，也沒有醫療常識，更沒有教健康教育。充滿了不受約束的原始本能與慾望。

當男孩與女孩進行魚歡之事後，女孩懷孕了，男孩呢？他離開了！他跑掉了！而女孩的肚子一天比一天大……於是，新產品（小貝比）問世了。

請注意！我現在要講的不是偶像劇、八點檔，或是網路爆料的渣男惡行，而是在討論遠古人類的原始行為與文化！

在那個沒有婚姻制度與健康教育課的純真年代，女孩根本不記得十個月前她到底做了什麼事，也不知道這件事和新產品有什麼關聯。小朋友出生之後，母愛的力量瞬間使女孩變得強大，所謂「為母則強」！自己生的自己養，單親在自然界其實是常態。當她含辛茹苦把孩子養大之後的某一天，孩子問娘：「媽～我是怎麼來的？從哪裡來的？」你有沒有覺得這個場景很熟悉？

我五歲那一年也問過我娘這個問題。那是我幼兒園的時候，在課堂上，老師總是說馬麻是慈祥的、溫柔的、和藹可親的，還有歌是這麼唱的：「母親～像月亮一樣～」但是我怎麼感受不到，我媽用水管抽我的時候根本像在打殺父仇人一樣！難道……難道……我……我不是她親生的?!

就在一次被她狠抽了一頓之後，小呂捷鼓起了勇氣，問：「母啊，母啊，我到底是不是妳生的？」在我不斷追問之下，她給了我一個晴天霹靂的答案：「你！是！公！園！垃！圾！桶！撿！回！來！的！」（長大後我才知道，據說有超過百分之六十的孩子都是從公園垃圾桶撿來的。）

搭～啦～（通常肥皂劇在這個時候都會出現這樣的音效，外加打雷！）

我終於知道我的身世之謎了，我曾經想要效仿《苦兒流浪記》主角離家出走，離開這個沒有愛與溫暖的家！但最後因為不知道自己是從哪個公園垃圾桶撿的，只好作罷。

遠古時期大概沒有公園，所以媽媽只好天馬行空的掰個故事給小朋友。總不能說我好像是吃壞肚子，然後胃脹氣了很久，有一天突然肚子痛，就有了你吧！

所以傳說可不是瞎掰，背後其實大多有文化意義的喔！

㊉啟益相爭教我們的事

大禹最為人所熟知的還是「三過家門而不入」的故事，這個故事說明了大禹為了治水戮力從公的精神。搞笑的是，後來開始有人幫大禹寫劇本編故事，分別說明第一次、第二次、第三次過家門不入的原因。其實在文學中「三、六、九」是虛數，就是很多的意思。就像有句話說：「三折肱，知為良醫。」要表達的是久病成良醫的經驗法則，而不是手斷過三次就可以考上醫學院好嗎?!

大禹最重要的歷史意義在於，他將皇位傳給了兒子「啟」。據說大禹晚年身體不好，原本想將大位傳給頗具威望的「臯陶」，無奈臯陶早逝。後來又想傳給幫助治水有功的「益」。可是大禹駕崩之後，各路諸侯擁戴大禹的兒子「啟」繼承王位，啟遂得天下。

如果故事講到這裡就結束了，那我還怎麼混下去？代誌絕對不是憨人想的那麼簡單！你以為益是塑膠做的嗎？你以為益是吃素的嗎？郎若回頭必有緣由，不是報恩就是報仇。「我要證明的不是我比人強，而是我失去的東西，我一定要討回來！」

於是，益決定踏上這條復仇的不歸路。

請注意！這裡講的「不歸路」不是形容詞，而是動詞。益……他GG了……因為啟也不是塑膠做的！各路諸侯擁護啟，幹掉了益，有兄弟誰跟你單挑啊！

這個故事告訴我們，別高估了自己的實力與正義。人生不是偶像劇，誰跟你說好人就一定會贏？是誰給你這個結論的？叫他出來，益有話要跟他講！

所以，在人生的旅途上，有時候示弱也是一種哲學，烏龜比氣長嘛！

當然，除了益，也還有人看啟不順眼，陝西關中平原一帶的「有扈氏」舉兵來犯，然後，有扈氏就去見護士了。用現在的說法就是：「GG+1」。

禪讓？哪有這麼好的事！

聰明的你一定懷疑過，禪讓到底是怎麼一回事吧！禪讓符合人性嗎？哥教的不是歷史，是人性！

我當王當得爽爽的，突然發現你比我賢能，然後就把王位傳給你……這也太不科學了。其實禪讓是被美化的說法，真正應該是「部落共舉制」。合理推論，堯和舜應該都不是一個人的名字，而是一個部落的名稱。也就是說，有一個部落叫做堯、有一個部落叫做舜。在部落社會的年代，部落跟部落之間常有衝突與戰爭。就像我們在看《賽德克．巴萊》一樣，道澤社和莫那魯道的馬赫坡社就常有衝突。為了避免有頭出門沒頭回家的情況一再發生，就公推一個最強的部落來當盟主。盟主會以武力做後盾，維護部落之間的和平。當兩個部落起衝突的時候，盟主就會出來「喬」，你敢打他，我就揍你！

但是再強大的國家都有衰弱的一天，當有一天盟主罩不住的時候，天下再度大亂。所以我們只好再推一個強國來當盟主。也就是說，堯這個部落強的時候是盟主，但有一天罩不住了，我們就推舜來當盟主。

所以傳說中，堯活了一百一十八歲、舜活了八十三歲、帝嚳一百零五歲、顓頊九十八歲，如此人瑞般的高壽在現代也不常見，更何況是醫療落後的遠古時期？因此推論，這不是人名也不是年紀，應該是部落稱霸的時間。

所以也沒有什麼「禪讓政治」，而是「部落共舉制」。

另外，根據《竹書紀年》的記載，舜囚禁了堯，奪取帝位；禹以武力逼舜讓位。所以堯、舜、禹之間都是以武力為基礎的改朝換代，根本沒有禪讓這回事。曹丕篡漢之後曾經很感嘆的說：「唉，我終於知道堯舜之間發生了什麼事了！」（舜禹之事，吾知之矣。）

不管這段時間到底發生什麼狗皮倒灶的事情，先秦各文獻的結論都是：從「禪讓」變成「世襲」，從「公天下」變成「家天下」，從「傳賢不傳子」變成「傳子不傳賢」。也因此開啟了中國史上的第一個王朝，夏朝。

很多人問我：「老師，現在的社會好像很亂。」其實很正常。因為這是個資訊爆炸的時代，科技發達讓資訊傳播變得快速，也因此出現了很多新的價值觀。當新舊價值觀撞擊時，總是會顯得混亂、無所適從。當年也是如此，禪讓的舊價值觀與世襲的新價值觀相互碰撞，所產生的衝突也不少。

富不過三代，政也是！

在啟之後繼位的第三代叫做「太康」，正所謂富不過三代！第一代勤懇創業、舉步維艱，第二代看在眼裡、感同身受，第三代出生優渥、不知民間疾苦。這個狀況也發生在夏朝。太康繼位之後酖於逸樂、沉迷酒色、不思進取，國力開始走下坡，引起了東夷各部族的覬覦。

其中有個奧運射箭金牌，世界排名第一的選手「羿」，也就是我們俗稱的「后羿」，他看不下去了。順帶一提，他的名字叫羿而不是后羿，「后」這個字在商朝以前是「王」的意思，商朝之後才漸漸變成稱呼帝王的正宮、元配。大家應該也很熟悉后羿的夫人嫦娥女士的故事。這個故事在女權運動史上是很重要的，因為，嫦娥是中國史上第一位翹家的婦女！（這結論好像怪怪的……）

相傳后羿的故事是這樣的。古早古早的時候，有十隻金烏（太陽），一直以來都是一天一個輪流值班。但是有一天這十隻鳥兒玩性大發，唱起了一同去郊遊，然後決定一起辦個歲末年終聯歡晚會。一時間「十日並出」，草木不生，南北極冰山融化，北極熊不知何去何從、瀕臨絕種（順手關燈、節約用電，救救北極熊）！這是目前我們所知道的第一次全球暖化事件。就跟你說了，歷史是不斷重演的，地球暖化在幾千年前就發生過。

當時有一位擅長箭術的大英雄叫做羿。他不畏動保團體的批評，大喊我要打十個！隻身單挑十隻金烏，並且憑著高超的箭術射下了九隻烏，解決了地球暖化的危機。而與此同時，各地又有猰貐、鑿齒、九嬰、大風、封豨、修蛇等惡獸四處為害，都一一被羿處裡掉了！這樣的大英雄，自然為萬民所景仰。對比腐敗的太康，羿似乎更得民心。於是乎，羿贏得了黨內初選，挾帶高民調要逼宮了！

沒錯，羿放逐了太康，並且立了太康的弟弟「中（仲）康」為君，獨攬朝政。權力的果實總是令人陶醉，而且跟毒品一樣，一沾上就戒不掉。曾經是大英雄的羿也不例外，後來他乾脆廢掉中康，自立為王。

而權力這甜美的果實吃多了是有副作用的。不是變胖！而是腐敗。權力使人腐敗，絕對權力使人絕對腐敗。我們的大英雄羿走鐘了，他也步上了太康的後塵。耽於逸樂、沉迷狩獵，不理國之大事。沒多久，就被自己手下的大臣「寒浞」幹掉！而寒浞幹掉后羿之後，照慣例也要開始腐敗之路了。

⊕后羿教我們的事

后羿的故事告訴我們，人類是一種不值得信任的動物。正如美國開國元勳，第三任總統傑佛遜所認為：民主政治是建立在對人性不信任的基礎上。

自由之花需要經常用愛國者和暴君的鮮血來澆灌。

西方人認為人性本惡，而權力會使這個「惡」發揚光大、十倍奉還。西方人從以惡制惡，以毒攻毒的目的出發，建立了權力制約機制。而我們從小就被教導人性本善，所以總是試圖找到一個不會腐敗、永遠善良的人來執行權力。所以你常常被在上位者傷害，不管是老闆、上司、主管，或是執政者。

換位子就會換腦子，這幾乎已經變成了定律。但是，這也沒有錯！我有另一種觀點想跟大家分享。

位子＝權力、資源

腦子＝思考邏輯、處事方法

換位子換腦子是很正常的，因為位子不一樣，你所掌握的權力與資源不一樣，責任也因此不一樣了。高度不一樣，景色也不一樣。海拔五百公尺和海拔兩千公尺植被能一樣嗎？

所以，你得換腦子！因此，批評、謾罵、幹譙，都是沒有意義的。如果你一直得不到你想要的位子，甚至是……沒有位子！是否，你也得想一想，是不是該換一套思考邏輯和處事方法。某種程度來講，這種轉變也是一種成長。當我們在職場上批判別人換位子換腦子的同時，是否其實也正羨慕著別人擁有那張椅子！

織田信長臨死前說：「無關是非。」很多事情在當下並沒有對錯。只是時機不一樣、選擇不一樣、立場不一樣而已。政治如此、職場如此、歷史如此、人生旅途也是如此。很多事情換個角度想，你會變得很正面！

少康中興

中康之子叫做「相」，相有一子名為「少康」。寒浞的兒子「澆」知道夏朝皇室遺孤少康還活著，於是派人追殺。

而少康在這淒風苦雨的氛圍下四處流竄，依舊堅強活著。人生往往如此，只要你不放棄努力，願意堅持下去，一定會有人幫你！少康投奔了「有虞氏（舜之後）」做了「庖正」，庖正是什麼？就是負責管飲食的，大概算是宮中的「總鋪師」。你可能會說：「哇哩勒，當個廚師而已，有什麼搞頭？」

千萬不要小看吃這件事，民以食為天。正所謂：「要抓住男人的心，就得先抓住男人的胃。」雖然我並不認同這句話，你看過哪一個男人外遇是因為小三煮的東西好吃？不過，少康不只是抓住了有虞氏的胃，也抓住了他的心。（咳，別誤會！我們這邊並不是要講彩虹運動的發展史！）

有虞氏膝下無子，僅有二女，所以將兩個女兒嫁給了少康。再一次強調，他是老闆的女婿！他是老闆的女婿！他是老闆的女婿！很重要所以再講三次！

有虞氏給他軍隊、給他土地、給他資源，讓少康招集夏朝舊部眾，一起朝向偉大的航道邁進！

最後，少康成功擊敗了寒浞，重新恢復了夏朝。一個朝代中斷後又重新恢復，或衰弱後重新振作，我們稱之為「中興」，這就是歷史上有名的「少康中興」。

⊕少康教我們的事

任何技能只要你用心鑽研下去，都有出頭天的機會。哪怕別人覺得微不足道、冷嘲熱諷，人生是你自己的，旁人觀點干卿何事。在下呂捷不才，什麼都不會，當流氓不敢、當師公會怕、做水泥工也不行，學的是一般人覺得最沒用的歷史，還只會唬爛，我不也活得好好的，有自己的一片天。

李白說：「天生我材必有用，千金散盡還復來。」不要瞧不起自己，你有你的才華，只是還沒到開花結果的那一天，不要放棄，繼續耕耘灌溉，盛開之日不遠矣。遇到挫折與失敗也沒什麼，必須磨練更堅強的意志力。摔倒了就再爬起來，你不也是這樣學會走路的？小嬰兒辦得到，你怎麼不行？你該不會輸給一個娃娃吧?!

記住，失敗與挫折是給成功人士講故事用的，不是讓你自怨自艾、咀嚼悲傷用的。當你重新站起並邁開大步向前走，就是千金散去還復來的時候了。

夏朝末代王

傳說時代的夏朝，漸漸脫離了城邦部落的型態，慢慢走向國家。因此在各方面都有長足的進步，政治上國王（盟主）的權威也跟著強化，有一次大禹發會議通知，有個叫防風氏的部落酋長遲到了。然後……然後他就死了。沒錯！他被大禹殺了。

而既然是國家，就有治國的體制，所以官職、賦稅、刑法、軍事制度漸漸形成。手工藝也有所發展，陶器、漆器、玉器、綠松石器、紅銅器和青銅器相繼出現。因為我們不是在編上課講義或教材，所以就不多做詳述，避免充版面、騙稿費之嫌。

說到夏朝最後一個王，叫做夏桀。夏桀和商紂兩位君主是中國暴君的代表，反正所有你想像得到古代暴君會做的壞事，他們應該都有。他們真的有那麼壞嗎？不重要！反正大家都說你壞，你就是最壞的，不管怎麼汙衊你，大家都會相信。所以一個常說謊的人，就算說真話也會被當假的。大雄就算考一百分也會被當作弊。

關於夏朝的滅亡，這邊有個有趣的觀點想和大家分享，就是「禍水史觀」！

根據古書《國語》的記載，桀出兵攻打有施氏。有施氏國君獻出自己的女兒妹喜求和。夏桀一見妹喜整個瞳孔放大，眼睛發亮有如少女漫畫般眼神，不用說你也知道，沒錯，桀愛上了妹喜。這原本是一段王子愛上公主，偶像劇般的浪漫愛情故事，但無奈的是現實生活並非如此。

原本就是個「普攏共」的桀在愛上妹喜之後更是不理朝政，將國家搞得一團亂，一步步走向滅亡。桀本來就是個渾蛋，而妹喜是無辜的，但是在父系威權的傳統社會裡，男人不敢負起責任，反而將過錯推給了女性。妹喜如此，妲己如此，褒姒亦是如此。

你說東方的男人沒有擔當，西方男人才不會如此？呂捷要告訴你，你錯了！

還記得人類原本是住在伊甸園的嗎？為什麼被趕出來？因為夏娃叫亞當去吃蘋果，這不正也是「女人害的」禍水史觀嗎？而且，歷史的英文怎麼拼？History是「His」，不是「Her」，想不到吧，在歷史上，老外比東方更男性主義本位。

傳說到底真還是假？

講了那麼久，夏朝到底有沒有存在過？在那個還沒有文獻記載的時代，靠的是人們的口耳相傳，再加上加油添醋和想當然爾，因而有了傳說故事。但只有傳說是不夠的，要再加上考古遺址的雙重佐證。我們目前發現最接近夏代的考古遺址是二里頭文化。依據「碳14定年法」，年代與傳說中的夏朝相當，故推論夏朝是存在的。

在二里頭遺址裡面，我們發現了一個相當大的宮殿，宮殿象徵著王權的存在。一個人是沒辦法蓋宮殿的，蓋出來的頂多是「便所」，古稱「茅房」，雅號「聽雨軒、觀瀑樓」！如果有天你突然指著我的鼻子說：「大摳ㄟ，你！去蓋宮殿！」我心情好的話可能不會理你，但是如果剛好跟老婆吵架，拎杯一定給你「巴蕊」，「猴囝仔！你的頭被門夾到嗎？」沒錯！無緣無故憑什麼要幫你蓋宮殿？因為權力！這證實了王權的存在。

王權是存在的，但是夏朝也是存在的嗎？問題在於沒有出土的文字做佐證。我們發現某些陶片上有一些符號，但還不到文字的程度。而商朝殷墟遺址的甲骨文裡面也沒有夏朝的記載，甚至目前能辨識的甲骨文中根本沒有「夏」這個字，關於夏朝的文獻記載最早是在「西周」出現。也因為如此，在民國初年有一派以顧頡剛為首的「疑古派」學者就認為，夏朝根本不存在，是古人幻想出來的。大禹根本就只是「一條蟲」，還有一個說法是禹活了三百多歲。天啊！金銀婆婆加起來的年紀都沒他大！

我在前面跟大家提過，遠古傳說時代的這個氏、那個氏、還有一些「聖人」應該都不是人名，而是部落。后羿射日應該是他幹掉了周遭的部落，而他所滅掉的「猰貐、鑿齒、九嬰、大風、封豨、修蛇」等惡獸或許也是部落，傳說中的惡獸應該是這些部落的圖騰。

不論夏朝是否真的存在，這些傳說都豐富了文化、文學，和宗教的厚度。沒錯！就是宗教。俗話說：「入廟拜神，進屋叫人！」你拜了那麼多神，滿天神佛。但你知道嗎？很多神你其實都讀過、聽過他們的傳說故事。而他們的寵物、坐騎，很多也是你玩的遊戲中的上古神獸喔！

History
歷史很多都是「男性本位」，所以你常會看到「禍水史觀」！
禍水史觀？
譬如某帝王是因為美女才不理朝政，
導致國家滅亡，全是紅顏禍水的錯！
像是妺喜或妲己、褒姒……
由於傳統父權影響，導致歷史敘事方式是將過錯推給女性……
你在幹嘛？
女性才是最強BOSS！正妹得天下！
我要用美色來征服世界！
噴
就跟你說不是這個意思了啊！

第 3 章

史上第一次革命：商湯伐桀

夏桀的腐敗讓夏朝一步步走向滅亡。
就在這個時候，在遙遠的東方，
黃河出海口一帶出現了一個新的強權：商。
商的領袖叫做「湯」，所以我們通常稱其「商湯」。
在夏桀腐敗無能、國勢漸弱的情況之下，
湯欲打破「君王永定」的定律，起了取而代之的心。
商湯先攻下依附夏桀的十幾個部落國家，
再利用「有絨氏」的反叛之心，發動鳴條之戰，
攻滅夏朝，完成了史上第一次革命。

1. 進入信史時代，商朝

商湯建國

這一段，我們一定要提到一代名相，英雄不怕出生低的代表性人物：伊尹。

話說商湯娶了有莘氏為妻，有莘氏當時的嫁妝一牛車，除了金銀珠寶以外，還有奴隸（不然這麼多細軟誰來扛），而眾多奴隸中，有一位就是伊尹。

伊尹的工作是廚師，上一章就跟大家說過，不要小看廚師！他藉由為商湯進行桌邊服務的時候把握機會對商湯進言，就像我們在酒吧喝酒的時候一樣，酒保會跟顧客聊天，趁此分析天下局勢。商湯聽了伊尹的見解，眼睛為之一亮！這傢伙不簡單！遂提拔伊尹為「阿衡」，也就是宰相。

伊尹輔佐商湯滅掉夏朝、整飭吏治、改善經濟，後來還放逐商朝第五代君主「太甲」，成為一代名相。等一下！放逐商朝第五代君主太甲……臣子放逐君王？有沒有搞錯啊？是的！你沒有看錯，的確是臣子放逐君主！

據載，太甲殘暴、傷民無數，故伊尹將之放逐。三年後，太甲改過自新，伊尹將他迎回復辟，成為一位聖君。

這實在是個極度勵志的故事，伊尹從奴隸到廚師，再一路到一人之下萬人之上，成為了開國功臣、國之首輔。

老子說的：「治大國，若烹小鮮。」就是伊尹的故事。伊尹曾對商湯進言，以做菜比喻治國：「做菜既不能太鹹，也不能太淡。治國就像做菜，既不能操之過急，也不能鬆弛懈怠，唯有弄清主次先後順序，掌握好分寸，才能夠政通人和，國家才能治理好！」可見任何一項工作或技藝，只要用心鑽研，都會發展出哲理。

管理一個國家、公司，甚至是家庭，本來就要有很多方法與手段。伊尹整段話就是在告訴領導人必須「寬嚴並濟、陰陽調和、輕重緩急、賞罰分明」。一味的寬和雖然能博得「好人」的美名，但紀律必將蕩然無存；而一味的嚴厲勢必苛薄寡恩，離心離德。

我個人的經驗是，寬嚴並濟的御下之術當然沒有問題，一手胡蘿蔔、一手棒子。但是，到底寬在前還是嚴在前？這是個很厚黑學的問題。

朋友跟你求助，你幫他九十九次，第一百次沒幫，他只會記得你沒伸出援手的那一次，結論是「你很機車」！而若是朋友跟你求助，你拒絕了九十九次，第一百次你出手了！那結論就是「你是個好人」！這就是人性。不過話說回來，你都拒絕他九十九次了，他還把你當朋友也不容易啊！

盤庚遷殷

商朝前期並不穩定，常常遷都，據說是因為黃河氾濫。但是我覺得這個說法並不好也不合理，憑什麼盤庚遷到殷之後，黃河就不再氾濫？所以還有另外一種說法是：內亂，也就是王位爭奪戰。

商族的王位傳承理論上是兄終弟及，無弟可及就父死子繼。所謂的兄終弟及，就是哥哥掛掉了，由弟弟按年紀來繼位。但有些弟弟想早一點繼位，那就打一場吧！

另一種是父死子繼，但是要傳給誰的兒子。是哥哥的兒子，弟弟的兒子，還是自己的兒子？憑什麼是你繼位而不是我繼位？那也只好打一場了！因此爆發了延續近百年的九世之亂。大戰導致滿目瘡痍，所以遷都頻繁。

我個人則比較傾向遷都頻繁有可能是因為產業問題。「商」這個部落的人多從事「貨品交換買賣的行業」，商人的貿易範圍很大，我們在殷墟遺址裡面發現很多不是中原地區的產物。例如：玉器和鯨魚的大骨。所以後來也將貨品交換買賣的行業稱為「商業」。

以前的人對於物質的需求較低，原則上過著自給自足的生活，因此同一處做生意很快就飽和了。飽和了怎麼辦？只好遷都到下個地方繼續做生意，又飽和，又遷都，再飽和，再遷都。而不斷的遷都之下，導致文明無法累積。你想想，如果你從國小開始平均每學期轉學三次，能交到什麼好朋友？還在自我介紹就要轉學了啊！

鼎與鹿，王位的象徵

西元前十四世紀，盤庚將「九鼎」遷到了「殷」，商朝從此定都不再遷。在這裡我想跟大家聊聊九鼎是什麼？我們都聽過一言九鼎。為什麼不是八鼎或是七鼎、六鼎？相傳大禹建立夏朝之後，將天下分為九州，不是日本那個九州喔，是將天下分成九個州，每個州都有他們的州牧，也就是州長，方便分層管理。

地方政府必須向中央政府朝貢，也就是小弟要跟大哥送禮的概念，於是乎各地都送上了青銅器。大禹把各地送上來的青銅器鎔鑄成九個鼎，每個鼎上面刻上了各地的代表風景、應納貢賦、風土民情以及地理情況。換句話說，就是把旅遊指南的地標跟維基百科查得到的資料都弄上去。例如高雄的鼎就會刻上八五大樓、西子灣和中鋼、中油、中船，並且把土特產有什麼、一年給中央上繳的稅有多少都一併烙印在上面。臺南就烙上赤崁樓、安平古堡；臺中就烙上……我知道你想講「金X豹」，NO！是太陽餅！

總之，在秦始皇做傳國玉璽之前，九鼎就象徵了王權。遠古時代的鼎代表著身分跟地位，天子有九個鼎、諸侯七個、卿大夫五個、士三個。天子的鼎最多、最大。春秋戰國時代楚莊王想取代周天子，曾經派人去問天子的鼎有多大、有多重，後來演變成一句成語叫做「問鼎中原」，意思是我要取而代之。

古代天子有專屬的狩獵場，像美國總統的大衛營一樣，裡面各式各樣的獵物眾多，但「鹿」只有一隻，而這頭鹿是天子專屬的，只有天子可以射，如果你敢去追就是有爭霸的野心，這也是成語「逐鹿中原」的起源。

由此可見鹿跟鼎象徵著王位，金庸大師有一部小說叫做《鹿鼎記》，就是在寫爭王位的故事。鰲拜想當皇帝、吳三桂想當皇帝、臺灣鄭家想當皇帝，就連海之東方的小島上的神龍教教主也想當皇帝。等一下！海之東方的小島上的教主也想逐鹿中原……據說這段情節暗諷蔣介石政權，然後在臺灣就被禁了。

2. 商朝的天文曆法和文字

最近運勢不順？水逆嗎？

我們現在對商朝的了解，大抵上來自「殷墟遺址」，特別是天文曆法和文字。

古人夜觀星象主要目的是為了農業生產，跟占星術沒有關係，所以不會研究星座運勢跟水逆啦！

民以食為天，生產糧食是最重要的。農民靠天吃飯，順時耕種，春耕、夏耘、秋收、冬藏，所以一定要掌握四時跟天氣變化。在那個生產效率不佳的年代，任何一點閃失都可能造成嚴重的農損以及生命的流逝。因此觀察星象運行，制定準確的曆法格外重要。

為了制訂準確的曆法，商朝天文學非常發達。為了建立時間觀，他們發明了天干地支，規定一年十二個月，大月三十天、小月二十九天。但商人發現地球公轉一圈是365又¼天，這樣日子用不完怎麼辦？為此商人發明閏月，十九年會出現七個閏月，約莫三年一個閏月。我們臺灣人常講的「三年一運，好歹照輪」，其實原文應該是「三年一閏，好歹照輪」。在長期夜觀星象之下，他們發現了恆星、行星和彗星，也發現了日蝕和月蝕。

他們發現了這麼多東西，那你發現了什麼？沒錯！商人從遊牧民族或商業民族，徹頭徹尾的變成農業民族了。

文字的起源

之前提過，所謂歷史時代與信史時代是以「文字」的出現做分野，而商朝有兩種文字，甲骨文和金文。

甲骨文是中國目前發現最早的文字，尚未成熟但也絕非草創。為什麼說甲骨文尚未成熟，因為其字型上下不分、左右未定。但也絕非草創，因為它六書（象形、形聲、會意、指事、轉注、假借）具備。如果是草創的文字，應該只有圖文階段的象形字和指事字。

甲骨文記載的內容多為卜辭，人們會用龜甲、獸骨來占卜，並把占卜的結果記載下來。要怎麼用龜甲獸骨占卜呢？來～我教你，不收師父禮！

用甲骨占卜有兩種方法，第一種是用燒的。高溫火烤之下，甲骨會裂開，從裂開的紋路來判斷吉凶禍福。第二種是用鑽孔的。將龜甲拿來磨薄再鑽孔，變薄的龜甲承受不了鑽孔的力道而裂開，進而從裂開的紋路來判斷吉凶。這個裂開的紋路後來也變成了一個字：「兆」。

不瞞您說，我讀大學的時候研究了一陣子堪輿風水、易經卜卦還有測字。正所謂：「吾少也賤，故多能鄙事。」（這句話用在這裡好像怪怪的。）沒辦法，大學和研究所時期真的太閒了！除了照顧眾多學妹以外沒什麼正事做。但隨著年紀的增長，我越算越準！不是因為功力，而是經歷的事情多了、對人性的觀察也深了。

很多玄學或許只是「經驗＋心理學」。

像「窮」這個字拆開來看，分別為「穴」、「身」、「弓」三個字。「穴」就是家，你每天「弓」著「身」子躲在家裡面打電動（你看過挺直腰桿打電動的嗎？）當然窮啊！而且你有沒有注意到，窮字裡面只有一個身，這說明了你還單身喔。

好啦言歸正傳，對於甲骨文多為卜辭這個說法，有些學者不以為然，但是商人迷信鬼神這點，倒是無庸置疑的。

凡事問神明的神權統治

人類社會發展歷經了幾個階段：洪荒、神權、王權（封建）、民權。在文明還沒出現以前，人類走的是叢林法則，誰拳頭大誰是老大！但縱使你武功蓋世、天縱英明，也擋不住颱風、抵不過病毒、壓不了地震。在沒有科學的時代，一切都是神的旨意。

不過隨著科學的進步，我們發現原來打雷不是神明在生氣，下雨也不是上帝在哭泣，這些都是自然現象，不必驚慌。進而走入了王權的時代，朕即天下，寡人說了算！

但因為科學進步，很多人應用科學賺到錢，擁有了就怕失去。為了保護我所擁有的一切，必須要有權力。所以開始與在上位者爭權，因而進入了民權時代。不過請注意，早期這個「民」指的不是你我，而是富豪階級。當他們取得權力之後，身分轉換成既得利益者。既得利益者是不會把權跟利放出來的，也因此社會嚴重傾斜。當下階層的人被壓迫到極限時，壓力鍋炸開，爆發了階級革命，走向無產階級專政（據說最早源自馬克思）。

商朝是個假神權以治國的時代，迷信是商朝的文化特色。他們無旬不祭、無事不卜、殺人殉神。也就是說，他們什麼事都要問神，遇到大拜拜殺豬公不夠，還要殺人來獻祭。國王的功能就是溝通天、地、人三界，「王」這個字麼寫？三橫一豎，三橫代表的就是天、地、人，這一豎就是貫穿三界的意思。（謎之音：所以我們常講老王、老王，多了個老當然更厲害了，不但溝通樓上、樓下，還常跑左鄰右舍……）

不過，他們的信仰這麼虔誠，卻還是被周朝滅掉了。所以周武王體會到了「皇天無親，惟德是輔」。老天爺不會特別親近誰，只會幫助有德之人。一旦德不配位，天命就會棄你而去。

所以不要什麼事都問神明啦！不只牛仔很忙，神明也很忙的！有些事自己決定就好，而且很多事情是人為的，不關神明的事。通靈少女索非亞曾經講過：

你怕鬼嗎？怕啊！你有被鬼害過嗎？沒有！

那你有被人害過嗎？常常……所以人比鬼可怕！

不過，我還是會怕！

青銅器工藝

據考古研究，夏朝已經進入了青銅器時代，而在商朝，青銅器的工藝漸漸邁向巔峰。

商代青銅器多被拿來製作成禮器、樂器、食器和兵器，上面有著文字和雕飾。雕飾上喜歡刻一種上古神獸：饕餮。根據《山海經》的記載，饕餮是一種凶獸，非常貪吃，所以後來我們稱愛吃、懂吃的人為「老饕、饕客」。更有民間傳說提到饕餮「有首無身」，因為他貪吃到連自己的身體都吃下去了，所以只剩下頭跟一個大嘴巴。

要特別一提的是，古代的「金」指的是「銅」，不是我們現在所謂的黃金。所以你在先秦古文裡面看到的「金五百斤」不是五百斤黃金，是五百斤銅的意思。在中國古代別說黃金，連白銀都很少。在地理大發現、西方人到中國以前，民間是很少用白銀的，更別說黃金。有機會再跟大家聊聊古代的交易媒介。

青銅器剛做出來的時候是金色的，像黃金一般閃亮，不是我們在故宮看到黑黑綠綠的那個樣子。拿那種黑黑綠綠的傢伙裝酒給紂王喝？你嫌命長嗎？

青銅器是銅、錫、鉛的合金，以當年的科學水平來看，要把這三種熔點不一樣的金屬融合在一起，確實不容易，證明商代的工藝技術水準很高。不過，也因為青銅器裡含有鉛的成分，長期拿來裝酒喝有鉛中毒的危機。或許就因為這樣，所以先秦好酒的君王常常喝到頭殼壞掉。

3. 商朝的終結

史上最黑，紂王

講到暴君，我們通常會稱之為「桀紂之徒」，也就是夏桀和商紂是這類型帝王的代言人，但真是如此嗎？

司馬遷在《史記》寫道：「帝紂資辨捷疾，聞見甚敏，材力過人，手格猛獸。」如果要用十個字來形容商紂王，那就是「高大威猛、智力超群。帥哥！」而且可以徒手跟猛獸單挑，除了武松和鷹村守[1]以外，我還沒見過這種人物。紂王繼位後，其實頗有貢獻，勵精圖治，致力於提高農業生產水平，並且抵禦外辱，擴張領土，將商朝的勢力範圍推廣到淮河、長江一帶。打破階級任用平民當官，並且誅殺、流放一堆為非作歹的貴族。這些不管放在哪一個朝代，都是不輸秦皇漢武、唐宗宋祖的明君聖主，那怎麼會變成暴君的代表呢？還留下「好酒淫樂、酒池肉林、殘害忠良、殺人為樂」等評論？

到底商紂王的人設是怎麼走鐘的？商紂王最為人所知的事，大概就是和妲己的荒淫、酒池肉林，還有殺害叔叔比干的故事。但我們說句實在話，美人傍身，幹點魚歡之事實屬人之常情。酒池肉林的記載出自司馬遷《史記》：「以酒為池，懸肉為林，使男女裸，相逐其間，為長夜之飲。」就是說，有個池子裝滿了酒，然後一堆柱子上掛滿了肉，讓你無限制享用。乀？這不就是我們去日本吃燒肉的「飲食放題」！至於「使男女裸，相逐其間」，看起來的確是淫亂不堪，不過你要知道，當年沒有嚴格的婚配制度，所謂婚姻是在周公制禮作樂以後才逐漸成形。去看《詩經》就會發現，古代人對「性」很是開放。《詩經》裡面描述很多那個年代「把妹」的招數，而且不只是把妹，撩哥也不在話下。礙於尺度我就不明講了，有興趣的朋友可以去查一下《詩經》〈鄭風．溱洧〉這篇。好啦！我知道講到人家心癢癢的然後進廣告是一件不道德的行為，所以呢，讓我來跟大家腦補一下。注意！這絕非低俗！是高雅的「詩」喔，而且是通過新聞局（孔子）電檢（刪選）的喔！

溱與洧，方渙渙兮。士與女，方秉蕑兮。
女曰觀乎？士曰既且。且往觀乎，洧之外，洵訏且樂。
維士與女，伊其相謔，贈之以勺藥。
溱與洧，瀏其清矣。士與女，殷其盈矣。
女曰觀乎？士曰既且。且往觀乎，洧之外，洵訏且樂。
維士與女，伊其將謔，贈之以勺藥。

看不懂嗎？沒關係，看這兩句就好，「女曰觀乎？士曰既且。」在這首詩裡，「觀」字同「歡」，不管是通同字還是寫錯，它就是「歡」的意思。「且（ㄐㄩ）」這個字是什麼意思？就是男性的生殖器。「祖」是「示」+「且」，「示」是神的意思，所以「祖」就是對男性生殖器的崇拜。這些可不是我發明的，是李敖大師的研究。

那「女曰觀乎？士曰既且。」這兩句話怎麼翻譯？用現在的說法就是，「約嗎？呃，已經約過了！」

所以不要用儒家那一套道德觀去看紂王，他比孔子早了五百多年啊。嚴格說起來，紂王不就是提供酒食無限暢飲，再加上符合那個時代風格的徹夜狂歡而已嘛！商朝出土的甲骨文並沒有發現有關「妲己」的記載，周武王討伐商紂王的「誓詞」只有提到「商王受惟婦言是用」，也就是他聽信「枕邊風」，婦人干政。這擺明是性別歧視！商朝的女性地位不低，可以當官，也可以擁有封地，所以根本沒有後宮干政這個觀念。

那殺害忠臣比干又是怎麼一回事？比干是商朝的宰相、紂王的叔叔，相傳他是被紂王「剖心」而死。但是根據中國「夏商周斷代工程」研究，他比紂王晚死十年以上，這是用明朝的劍來斬清朝的官啊！而且屈原也說比干是投河自盡的，在在都顯示比干的死跟紂王沒有關係。

⊕ 商紂王教我們的事

其實當初武王伐紂的時候只寫了四大罪，後代卻紛紛開始「黑」紂王，在歷朝歷代的腦補之下，變成了七十多條罪。其中黑他最嚴重的就是司馬遷的《史記》和《封神演義》，司馬遷根本就是黑紂悍將、黑紂產業鏈的急先鋒！

孔子的愛徒子貢曾表示過：「紂之不善，不如是之甚也。是以君子惡居下流，天下之惡皆歸焉。②」白話就是，紂王應該沒有那麼壞，但是一但被貼上「惡」的標籤，所有壞事就都會算在你頭上。

當年毛澤東就是用這招對付他所有政敵的，「鬥臭、鬥爛」，當你被鬥臭了之後，你就是個爛人，我怎麼說你人家都信！俗話說「謠言止於智者」，但這個世界上智者不多就是了。

所以形象管理真的很重要。由於我們都不是聖人，所以別把自己當聖人包裝。我向來堅持自己是個凡人，而且是個有點痞的凡人。小打小鬧有，大奸大惡不敢。有點道義但談不上道德。基於這一點，大奸大惡之名要安在我身上，了解我的人是不會相信的。那不了解我的人呢？解釋也沒有用！如果每一個人都要去解釋，那我不就比派出所還忙？

紂王的故事不是教我們怎麼避免被潑髒水，而是要學會不去潑人髒水。對於不了解的人事物，不要自行腦補、不要妄下結論。人云亦云、散播謠言的人，跟製造謠言者沒什麼差別。

網路時代很多人都喜歡蹭熱度，在第一時間發表高見，並舉起正義之劍，砍向一個你根本不了解的陌生人。或許三天之後案情逆轉了，但是當事人早已被「名譽處決」。而這些舉劍者，我們姑且稱之為「劍人」吧，又能做出什麼補償？頂多默不吭聲或默默刪文，假裝沒這回事。但他們不知道，「你不殺伯仁，伯仁卻因你而死！」

對很多人來講，名譽處決的痛並不亞於真的被砍兩刀，那對我來說呢？不好意思，我是個痞子，被罵不會痛，不要打我就好！在你還沒有辦法離群索居，跳脫輪迴、臻於涅槃之前，這個紅塵俗世本來就有很多流言蜚語，我們只能讓自己內心強大，不要玻璃心！畢竟人家在「背後」說你，不正表示你在他的「前面」？

老師照你這樣說，紂王根本是被黑的，他沒那麼壞啊！
是的！
當初武王伐紂時，只寫了紂王有四大罪！
沒想到在歷朝歷代的腦補後，變成了七十多條罪呢！
黑紂產業鍊上工啦！
＊司馬遷
這不就跟現在網路很像嗎，
很多你沒做過的事，都被說成是你做的。
沒錯！
我們無法避免被潑髒水，但我們可以不要潑人髒水！
要時時自省！對於不了解的人事物，不要自行腦補、妄下結論啊！
是的老師！

①鷹村守：日本動漫《第一神拳》主要角色之一，擁有不敗紀錄的傳奇拳擊手。

②出自《論語》。

第 4 章

制禮作樂定江山

西周

周朝分成前期和後期，
以「犬戎入侵，平王東遷」（西元前七七〇年）為界。
前期稱為西周，
後期謂之東周，
也就是春秋戰國。

1. 周文王奠下根基

關於姬昌的兩大傳說

周朝的國姓為姬。講到西周就得提到三個王，文王、武王、成王。

周文王名為姬昌，為周朝的奠基者。當時姬昌只是商朝的一個部落諸侯，活動範圍在現在陝西、河南一帶。姬昌繼承父親的爵位，被封為「西伯」，其在位期間勵精圖治，攻滅外族和反叛勢力，四方來朝，號稱「天下三分有其二」！也就是說，如果將當時天下的諸侯分成三等分，有三分之二是支持他的。用現在的說法就是，地方經營良好，深耕基層綁樁成功，出口民調高達百分之六十六點六七，賭盤一面倒，開出了讓票兩百萬，賠率零點五！

姬昌生平有兩大傳說。其一、據說他年輕的時候也當過政治犯，被紂王囚禁於

「羑里」，羑里就像我們的綠島、中國的秦城監獄，專關政治犯。但是他並沒有終日惶惶、自我放逐，而是在獄中不斷精進自己，寫下了〈綠島小夜曲〉……講錯了……是寫下暢銷數千年的《易經》及《後天八卦》。順帶一提，易經不只是一本卜卦的書，更是一種哲學，一種人在面對「選擇」的哲學。

其二、有個民間傳說是這樣的，有一次姬昌出門去打獵，古代人迷信，喜歡占卜，而占卜的結果是「無獲而有賢」，就是說你今天出去打獵不會有收穫，但是會遇到一個賢能的人。正所謂沒魚蝦也好，於是姬昌發動他的吉普車出發了！車子下交流道行經渭水沿岸，他發現有個老先生在釣魚，而這個老先生釣魚的方法很怪，魚線很短、離水三吋，魚鉤還是直的，姬昌覺得這老先生怪怪的便下車查看。「喂！老歲仔～你怎麼這樣釣魚？」

對曰：「我姜尚釣魚，離水三吋，願者上鉤！」

姬昌覺得這老先生很寶，開始跟他聊了起來，沒想到還很有料，於是決定請他回去輔佐霸業。此人就是第一代中國武聖、兵聖——姜太公！姬昌親自扶起了姜太公上車，前後走了八百步。

這八百步代表什麼意思呢?車子停很遠嗎?錯!這代表姜太公為周朝擘畫天下八百年!西周三百、東周五百,加起來大約八百。唉,文王失策了,他應該扶姜太公去跑操場的……

跟大家講一個姜太公的八卦,其實因為釣魚的方法有問題,所以他這輩子沒有釣到魚過。因此在出來輔佐周文王之前,可以說是窮途潦倒,窮到連老婆都瞧不起他。姜太公是中國史上第一個「出夫」,也就是第一個被老婆休掉的丈夫,但你不能怪姜太太,正所謂:「嫁漢嫁漢,為的就是穿衣吃飯!」貧賤夫妻百世哀,有時候堅定的愛情也抵不過飢寒來襲。

走老運的姜太公後來輔佐文王為周朝奠基,再輔佐文王之子周武王滅掉商朝。一時名滿天下,成為不世出的一代名臣。功勞之大前所未有,權勢滔天古所未見!權力大到什麼程度?不止能封官,還能封神!後人便以姜太公輔佐周朝滅商的歷史寫了一本長篇小說《封神榜》。俗話說:「進屋叫人,入廟拜神。」你可知道,臺灣民間信仰有一半以上的神來自於《封神榜》喔!

就在這個時候,太公的前妻回來了!

「老公~你封了那麼多神，也封一個給我吧！」

太公對曰：「我跟妳在一起多久就衰多久，我就封妳為衰神吧！」

神就是天上的星星，於是乎，姜太公的前妻被封為掃把星……

當然這個故事對女性有一點貶抑，沒有辦法，這畢竟是在那遠古父權封建體系下留下的傳說。

⊕ 姜太公教我們的事

姜太公的故事讓我們得到一個人生的啟示，那就是，面對傷害你的人，報復他最好的方法就是「過得比他好」！

有一句廣東俗諺是這麼說的：「寧欺白鬚翁，莫欺少年窮，終須有日龍穿鳳，不信一世褲穿窿！」這段話不是要你去惡整老先生，而是告訴你，不能只看當下。你永遠不知道明天會發生什麼事，明天誰做主！

但這也不是要你 8+9 式的自我催眠，什麼「昨天你對我愛理不理，明天我讓你高攀不起！」而是想想，今天呢？今天你做了什麼？姜太公告訴我們的，是務必使自己強大！

十幾年前，我曾經跟一群補教界的「大哥」攪和過一陣子，席間有很多大老師、大主任！那時候我已經出道教書一陣子了，但教的是副科歷史，混得實在不怎麼樣。希望藉著聚餐多認識一些「大哥」，有機會能多一點課可以上、多一點錢可以賺。在席間，有時候會聽到不少刻薄的譏諷，但為了生活、為了生存，我很厚臉皮的假裝沒聽見。他們心裡或許覺得，我就是一個副科老師來蹭吃蹭喝，被挖苦也只是剛好而已！

前陣子我坐高鐵的時候，遇到一位當年的「大哥」，我當下禮貌性的打了個招呼，然後找到自己的位子就坐。列車啟動之後，這位大哥跟我旁邊的乘客換了位置，找我聊了起來。閒聊之間，他突然問我：「老師，你這個幽默感是怎麼練的？」

我笑一笑看著他：「天生的。」

他一臉狐疑說：「可是以前我們在喝酒的時候，不覺得你這麼幽默ㄟ！」

我緩緩的抬起頭來看著他，「我卡早一句話甘供ㄟ廖（我以前一句話能講得完嗎）？」

他略帶尷尬的說：「嗯洗安內啦～（不是這樣啦）」

我淡淡的說：「就是這樣，但不是你們的錯，是我的錯，因為我沒有使自己強大！」

社會法則就是這樣，尊重往往不是依靠他人的善意，而是自我的強大！

有道是：「有錢道真語，無錢語不真，不信但看筵中酒，杯杯先敬有錢人！」

那一年，我喝到快胃穿孔，沒有人給我課上！

那一天，高鐵巧遇，他拜託我喬一個時段給他。

請務必使自己強大，也請記得，「莫欺少年窮！」

人帥也有不好的時候

周文王的嫡長子名為姬考，因為被封在「伯」，故又稱「伯邑考」。歷史上對姬考的記載不多，但有一說法是他被商紂王剁成肉醬煮成肉羹，拿去給周文王吃。

根據小說《封神榜》的說法是，姬考長得非常帥。帥到什麼程度呢？是那種每天早上被自己帥醒、帥到臉會痛、帥到沒朋友的程度！他是周文王的兒子當中最優秀的一位，長相標緻，甚懂音樂而且還是個孝子。當年文王被紂王關起來的時候，就是姬考去救他的。

但就是因為長得太帥，他被妲己看上了……這到底是命運的糾葛還是感情的糾紛，抑或是冥冥輪迴中自有的注定呢（請用盛竹如的口氣唸這一段）……讓我們繼續看下去！

話說妲己對姬考一見鍾情、頻頻示愛，但姬考卻不為所動，並對妲己說：「小姐，請你放尊重一點，我不是那種隨便的男人！」妲己在多次示愛被打槍之後，由愛生恨。跟商紂王說：「大王～伯邑考非禮我！」還哭得一把鼻涕一把眼淚的。

紂王大怒，把姬考抓過來剁成了肉醬，塞進餅裡拿去給周文王吃。（所以餡餅可能是紂王發明的？）文王吃了之後大喊：「太好吃了！」背後出現一座火山開始噴發、一條青龍直竄而上、然後出現兩個字「美味」！呃，走錯棚了啦！那是卡通《中華一番！》。

文王因為害怕紂王，所以強忍傷心硬是把這塊餡餅吃了，之後吐出了三隻兔子……我想，後來我們嘔吐的時候都說「抓兔子」應該跟這個故事有關係。

好啦！言歸正傳。因此文王臨終之前囑咐周武王一定要克滅商朝，為姬考報仇。而姬考死後被封為紫微大帝，鎮守北極。

2. 周武王克殷

赤地千里的牧野之戰

文王死後，武王繼承大統，重用其父親留下的大臣如：太公望、召公奭等人，並召開諸侯大會，國力日益強盛。

約西元前一〇四六年，紂王敗德、窮兵黷武，武王起兵攻商並決戰於牧野，史稱「牧野之戰」。此戰傷亡之重在冷兵器時代實屬罕見，據東漢古書《論衡》的說法：「赤地千里，血流漂杵。」也就是大地染成一片血紅，傷亡流血之多，連杵都漂在血的上面。杵是古代的一種武器，大木棍，是夏商周時代的主流攻擊系裝備。

你可能會想，蛤？搞屁啊！拿著球棒就上戰場，這跟KTV外為了爭風吃醋打起來的古惑仔有什麼差別，少說也拿個西瓜刀啊！

朋友們，當年的金屬是極其珍貴的，鐵器的廣泛應用要到春秋戰國時期才有，至於青銅器也只有貴族才用得起，一般上戰場的平民、奴隸，能有根木棍就很拉風了！混得好一點的，就在木棍上搞幾根釘子，變成狼牙棒（武力值＋3）那就連走路都有風了！啊不然怎麼血流漂杵？金屬武器密度大，是無法漂在血上面的。

牧野之戰，紂王兵敗自焚而死，至此商朝滅亡。

武王克殷建立周朝，但是歷經一場大戰，就算是贏了，依舊元氣大傷。所以武王採取懷柔政策，安撫商朝遺民，封紂王之子「武庚」在商的舊地「殷」當諸侯。但怕其叛變，分封了三個弟弟「管叔、蔡叔、霍叔」在武庚的旁邊，就近監管。管叔、蔡叔、霍叔，史上合稱三監。

武王在滅掉商朝三年之後就掛了，傳位於其子「周成王」。成王年幼繼位，還在吃棒棒糖、玩滑板車、看《喜羊羊與灰太狼》①……幼主即位，國亂之始。但武王知道他的四弟「姬旦」最有才華、最有營養……（此旦非彼蛋啦！姬旦其實就是孔子的偶像「周公」）所以把他留在首都輔佐「成王」，其他的弟弟就分封到地方去。

但看在其他人的眼中，成王年幼，姬旦發號司令實為不臣。管叔和蔡叔心生不滿，再加上武庚的煽動，最終造反了，引起「管蔡之亂」，逼著周公率兵親征，歷時三年，終於平定了管蔡之亂。

我們在自然科學上會學到定律，歷史上其實也可以找到定律。中國史上有封建必有內亂！何以致此？原因無他，只有四個字：強者必反。

維持統治的骨幹，封建

講了這麼久的封建，來跟大家解釋一下什麼叫做封建。封建是個簡稱，分封建藩、封土建藩的簡稱，也就是封一塊土地給你，讓你去建立你的藩。（藩是地方政府的簡稱。像菩薩也是個簡稱。是從「菩提薩埵」而來的。）

那為什麼要實施封建？普天之下莫非王臣，率土之濱莫非王土，這樣不是比較爽嗎？都是我的不就好了！

這牽扯到一個執行上的問題。西周時代知識分子少，能幫天子統治國家的人不多，所以天子必須封土建藩行封建，把土地一塊一塊的分封出去。土地給你之後，天子就不太管你了，讓你自己去治理你的領地。原則上，你只要對天子盡三大義務就可以，勤王、朝貢、戍守邊疆。

勤王，就是為天子提供勞務。我要蓋皇宮、挖水溝，你得來幫忙；朝貢就是送禮，中國幅員廣大，各地有很多土產、特產，你得進獻給天子。三年一朝，也就是說三年要朝貢一次。當然名義上是朝貢、交流情感，但實際上是來給天子看看，如果你有什麼不臣之心，就趁機處理你；戍守邊疆，因為周朝四周有很多外族，東夷、西戎、南蠻、北狄。這些外族和我們常起衝突甚至是戰爭，當外族入侵時，這些封建諸侯必須執干戈以衛社稷，保護天子。

封建成為西周維持統治最主要的骨幹。但是問題來了，不是每個人分到的土地都一樣大。一定有人分到又大又肥，有人分到又小又瘦。這個時候如果分到又大又肥的人有野心，那代誌就大條了。他可能會去開墾荒地，也可能去侵略小國。在勢力不斷擴展之下，風助火勢、火助風威，野心當然也就更大，這時就會威脅到天子的皇權。臥榻之下豈容他人酣睡，天子必然得出手，「削藩」！你原本八萬里封地，經過二十年的擴張變成三十萬里。來！拿出來！我再把它切成幾塊分給別人。

啊你說切我就讓你切喔？不如我直接造反！一旦造反成功變成天子，還有誰能找我麻煩。這樣的心路歷程在歷史上不斷重演，所以有封建必有內亂，強者必反。

㊉封建教我們的事

身為一個霸主，你必須掃除一切對你可能的威脅。星星之火可以燎原，你的對手也好、下屬也好，或許無時無刻都在測試你的底線。一旦他們發現有機可趁，不論是鯨吞還是蠶食，危機就會一步一步接近你。

不是要你對下屬疾言厲色、苛薄寡恩，而是得讓大家知道，和顏悅色是我的修養，但不打折扣是我的態度。姑息勢必養奸，忍讓沒有極限。

而身為一個下屬，你也要知道如何讓你的老大安心、明哲保身，既可擁有榮華富貴又可全身而退。如果我是總統，我最討厭的不會是在野黨的領袖，而是副總統。副總統最大的功能就是等總統掛掉！最好的副總統就是做到……大家都不知道誰是副總統。

中國史上有封建必有內亂，西周封建爆發了「管蔡之亂」、西漢封建爆發了「七國之亂」、西晉封建爆發了「八王之亂」、明朝封建爆發了「靖難之變」。聰明如你一定發現了，為什麼前面的都叫「亂」，但明朝的卻叫「變」？

因為他成功了！有成功的叫變，沒有成功的才叫亂！**成王敗寇千古不變，悲劇英雄再怎麼英雄，本質上還是個悲劇，只有實力才是王道。**

①喜羊羊與灰太狼：是一部中國動畫，主要描述狼族處心積慮想吃掉羊群，而羊群以機智化解的故事。內容幽默，很受到孩童喜歡。

3. 周公輔佐成王

周公的政治改革

平定管蔡之亂後，周公進行了一連串的政治改革。包括重定封國、宗法制度、制禮作樂、行井田和營建東都，制禮作樂，維持國家法度；行井田，建立一套農業時代的生產制度；營建東都，在東邊建立一個都城，就近監視以防叛亂。在在都是為了讓國家維持正常的運作，而這套制度讓西周維持了近三百年的安定。

宗法制度，確立王位繼承制度由嫡長子（正室長子）來繼承，任天則定，任人則爭。他一生下來就是嫡長子，你爭也沒有用，從起跑點就確定了「你不會贏，死了這條心吧！」此舉剪除了很多人的野心，相對也降低了天子的威脅。

制禮作樂，「禮」是一套禮儀也是規矩，更是一種制度，用我們現在的話來講就是法律，規定了各個階級的權利與義務。西周社會分成三個階級，分別為貴族、庶人（平民）和奴隸。貴族又分成天子、諸侯、卿大夫、士，層層分封為四個階級。比較有趣的是「士」，是受過文武合一教育的男子，孔子當年的階級就是士，而且是個落魄的士。「士」在承平時期要幫領主長官做一些行政的工作，或許是會計、收稅，或許是民政、祭祀，孔子最擅長的就是在祭祀時當司儀。但是一旦國家遇到狀況，你就要上戰場去打仗，也就是先前提的那些拿球棒的古惑仔。不愧是受過文武合一教育的男子們啊！

禮也規定了貴族的娛樂生活。當時的人娛樂很少，沒有夜店、沒有電視，也沒有智慧型手機。「哈～那如果我穿越時空拿支 iPhone 去不就很屌！」醒醒吧，孩子！你沒有網路……那生活無聊怎麼辦？除了生孩子以外還能幹嘛？來看跳舞吧！

天子可以看八佾（ㄧˋ）舞，諸侯六佾，卿大夫四佾，士就只有兩佾。八佾舞就是八八六十四個人的大型歌舞秀，是天子獨享的。春秋時代曾經有個魯國的卿大夫叫做季氏，在家裡看起了八佾舞，孔老夫子大怒曰：「八佾舞於庭，是可忍也，孰不可忍也？」翻譯成白話文就是：「令堂比較優秀哩！太超過了！」（我不喜歡把古文直翻，意思對比較重要啦！）

季氏只是個卿大夫，他只能看四四十六個人的歌舞秀，看八佾舞是僭越禮分、破壞禮制，挑戰孔老夫子的底線，甚至是極限！老先生當然抓狂啊！

所以我們現在教師節祭孔大典跳八佾舞是不對的，孔子只是個士，只能看二佾，不知道孔老夫子地下有知會不會生氣？（看來我比「士」還高階，在投資理財方面我賺了三「一」，記憶、回憶和失意……泣！）

結婚六禮始自西周

禮主要是對貴族的約束，正所謂「禮不下庶人」。所以對平民基本上不用講「禮」。而禮的規定很繁瑣，尤其是婚禮。周朝結婚是有程序的，絕對不是拿根木棍敲暈拖回家就好。周朝把婚禮過程分為六個階段，古稱「六禮」，即納采、問名、納吉、納徵、請期、親迎，共有六道程序，品管嚴格。

1、納采：請媒人帶著禮物去提親。

2、問名：問女方的姓名、生辰八字之類的。

3、納吉：合生辰八字。

4、納徵：送聘金、聘禮。

5、請期：制定婚期。

6、親迎：婚期到了，男方去迎親。

也就是說，呂小捷看上了個姑娘，回家跟他爹說。呂老爹問明是哪家的姑娘之後，找了村子裡的阿好嬸帶著禮物去提親。如果對方家長不反對，想說出清庫存、獲利了結，OK！那接著就要問明女孩的姓名、生辰八字、星座、血型……反正就是了解一下基本資料。你可能會想，連名字都不知道就想娶人家喔？冰友啊～古代女子地位是受壓抑的，很難出門，也很少有社交行為，更沒有FB跟IG，所以要認識女孩子是不容易的！

你在路上看到一個女孩子，可能只是匆匆一瞥，隨即精蟲上腦，呃講錯了！是神魂顛倒！為其閉月羞花、沉魚落雁、傾國傾城的姿色所迷倒，所以不知道姓名等基本資料很正常啊！

採納跟問名都OK了，就去找巷口的王半仙合一下八字。王半仙說：「八字相配，六合之格。」有了這道程序才可以繼續往下走。然後去送聘禮和聘金，並且議定結婚日期。最後呂小捷在當天去將女孩子娶回家，這才大功告成，完成終身大事。

這邊要特別一提的是，周朝結婚雖然程序繁瑣，但婚禮當天卻是低調而冷清的。《詩經》〈禮記・郊特牲〉記載：「婚禮不用樂，幽陰之義也。」這是什麼意思？也就是說，婚禮進行的過程中不用音樂，不大張旗鼓，要在嚴肅安靜的氣氛中度過。這是要讓新娘子了解，到了夫家要低調寧靜之義。

⊕西周婚禮教我們的事

曾經有位網友寫訊息給我，訴說著她未婚夫的不是。也常看到很多網友為了結婚這件事和另一半吵得不可開交，甚至一切就這麼告吹了。什麼都能吵，舉凡聘金、大定、小定、喜餅、嫁妝、婚紗、喜宴、蜜月……族繁不及備載。我只能說，很多事情量力而為。

遙想當年武松逼婚，那時候我一無所有是個月光族。我跟武松講：「我沒有錢、沒有存款、沒有鑽戒、沒有夢幻的婚紗、沒有浪漫的婚禮、沒有豪華飯店，而且補教業也越來越差。結婚要花很多錢，拍婚紗也要花很多錢，貧賤夫妻百事哀，維持婚後生活要花更多錢。這樣怎麼能結？」（我什麼都沒有，實在不知道她哪來的勇氣嫁給我？）

武松說：「公證結婚也沒關係！婚紗照一張就好！」（當初拍婚紗的錢還是我媽媽出的，原來拍一套基本的婚紗照竟然就要三、五萬！）

我們的婚禮，後來就在我家外面的馬路搭棚子擺流水席當中，熱熱鬧鬧的完成了！婚後我們常吵架，武松也常常跟我演起武俠片。但是就像KTV萬年點唱排行榜金曲〈家後〉的歌詞一樣，「幸福是吵吵鬧鬧～」婚姻不是愛情片，更不是偶像劇跟童話故事，沒有「王子跟公主從此過著幸福快樂的生活」這種事，但這就是婚姻！維持婚姻的祕訣只有兩個字：「吞忍」。結婚典禮需要的是喜悅，維持婚姻需要的是吞忍！結婚不是一加一等於二，而是兩個零點五加起來等於一。

婚前睜大眼（看清楚），婚禮閉上眼（笑到眼睛睜不開），婚後……睜一隻眼閉一隻眼（這是一種拿狙擊槍的概念）！

當然你會說：「我要的只是一場浪漫夢幻的婚禮而已，而且結婚一輩子只有一次ㄟ！」

唉，孩子，「結婚一輩子只有一次」是誰給你這個結論的？只有葬禮才真的一輩子只有一次！浪漫和夢幻是用金錢堆疊出來的！為此搞到勞民傷財，婚後再來為錢吵架，意義何在？

西周的結婚程序為什麼要搞得這麼繁瑣？就是要跟你說，結婚不是兒戲。而為什麼婚禮要這麼低調，大概是，先民已經體會到「結婚是大事，但不一定是好事！」結婚是人生的下個階段，也是責任的開始。婚前轟轟烈烈的愛情，在婚後漸漸轉換成實實在在的生活，或許變得平淡，但踏實。

當你的朋友都是單身的時候，你結婚了，大家都會笑你！但當所有光棍都結婚了的時候，你還單身，打開手機通訊錄，滑了老半天始終找不到一個人可以陪你喝酒。突然間你會感到一陣空虛寂寞，還覺得有點冷！

還記得剛結婚的時候，武松說要回娘家，我無比興奮！開始打電話約朋友、兄弟！現在她只要回娘家超過三天，我就覺得不知道哪裡怪怪的！漸漸的，我**從一無所有到開始擁有。從開始擁有，到學會珍惜我所擁有。**

4. 太平盛世結束

周召共和

西周傳國約三百年，共十二代。第十代國君周厲王暴虐無道、貪財好利，且實施白色恐怖、限制言論自由。這個傻蛋在位期間想盡辦法聚斂財富、搜刮民財，最終還將山林百澤的物產收歸國有專賣，與民爭利，最終引起了人民的反撲。山川百嶽皆大自然所賜，但周厲王卻將其收為己有。上古時代人們靠山吃山、靠海吃海，賴農林漁牧以維生，周厲王的作為無疑是斷了人民的生路。

中國古代人民其實是很好養的，吃得飽就好。吃不飽也沒關係，餓不死就好，這就是所謂的中國農民性格。但問題來了！如果活不下去呢？罵兩句總可以吧！抱怨兩句總行吧！「不行！統統拿去做雞精！」周厲王把批評他、罵他的人統統抓起來，幹掉當肥料。這樣搞下去結果當然引起大規模暴動！最後周厲王被迫出奔到彘，朝中無王，只好由兩位大臣：周公（周定公）、召公（召穆公虎）共同管理國事，也就是所謂的「周召共和」。

放羊的國王

現在各縣市政府都喜歡放煙火。接下來要跟大家講一個放煙火放到亡國的故事。西周最後一個國君周幽王，在歷史上最出名的故事大概就是「烽火戲諸侯」，也就是中國版「放羊的孩子」。

周幽王寵愛褒姒，根據《史記》記載：「褒姒不好笑。」請注意！是褒姒不「ㄏㄠˋ」笑，不是褒姒不「ㄏㄠˇ」笑。她是美人，不是搞笑藝人（又不是參加電視笑話冠軍）。也就是說，這女孩是個冰山美人，不喜歡笑而且面無表情，有顏面神經麻痺和憂鬱症的傾向。但是一旦笑了起來又是千嬌百媚、傾國傾城，可以把百煉鋼化成繞指柔。幽王為了博得美人一笑，每天上網找笑話講給褒姒聽，在不斷的反覆練習之下，幽王變成了一個笑話高手，奪得了昏君盃笑話錦標賽冠軍。（一定要這樣子亂講嗎……）

但不管如何絞盡腦汁、費盡心機，依然不得美人一粲，故終日鬱鬱寡歡（看起來有憂鬱症的是周幽王）。後來有個二百五的大臣叫做虢石父，他跟幽王說：「根據都市傳說和網路把妹全攻略指出，帶女孩子去看煙火幸運值可以＋3、好感度＋5，有機會觸發冰山融化副本。」為了破關，卡等已久的幽王決定點燃烽火臺，放煙火去了！

烽火臺是古代遇到緊急危難時用來求救的，在一定的距離各設一個烽火臺。在那個通訊不發達的時代，天子遇到緊急狀況只要點燃烽火臺，頓時火光四射，各方諸侯看到之後，就會立即調兵遣將，趕來勤王救駕。

話說諸侯們發動急行軍風疾火速的趕來，卻發現並無寇賊來襲。抬頭只見幽王與褒姒飲酒作樂，只好喘著大氣無奈離去。褒姒見此一幕卻噗哧一笑，笑容燦爛、美不勝收。幽王大喜。於是隔三差五就放煙火，搞得諸侯們疲於奔命，幽王也就變成了「放羊的國王」。

終於有一天，狼真的來了，犬戎入侵了。幽王嚇得趕緊點燃烽火臺，但由於諸侯們已經折返跑太多次了，體力值和信任度歸零，GG了。結果犬戎攻陷了都城鎬京，殺掉了周幽王、抓走了褒姒，幽王之子周平王東遷雒邑。至此西周滅亡，進入東周，也就是春秋戰國時代。

這就是大家熟悉的「烽火戲諸侯」。以前大人和老師常用這個故事來告誡我們，不要講假話、不要說謊。在這裡呂捷要告訴你……這個故事是假的！這個故事是假的！這個故事是假的！烽火戲諸侯是後人杜撰的！

最早是國學大師錢穆先生在《國史大綱》裡提出質疑。後來考古學家也發現，目前出土的烽火臺都是漢朝以後，並無西周遺址。

但西周的滅亡還是跟幽王寵愛褒姒有關。幽王的正室原為申侯之女，史稱申后，生有一子名曰「宜臼」。根據嫡長子繼承制，按理說應由宜臼繼承王位。但幽王寵愛褒姒，打算廢掉嫡長子宜臼，立褒姒所生的伯服為繼承人。宜臼怕被殺，跑去投靠外公申侯。幽王喪心病狂派兵攻打申國，形成女婿打丈人的局面。而申侯也不是吃素的！聯合了隨國、西戎和犬戎反攻，擊殺周幽王，滅了西周。

㊉周幽王教我們的事

你不用把「烽火戲諸侯」當成歷史來看，但可以把它當作寓言故事，從中學到一點啟發。

把「信」這個字拆開，就是「人」、「言」。人言為信，也就是說一個人說出去的話要讓人相信、讓人信任、讓人信服。一般人如此，有權力的人更該如此。人與人之間要建立信任感並不容易，需要長時間的累積。當信任感不在時，相處共事會變成一種折磨。因為你永遠不知道對方講的話是不是真的，到底做不做得到？

如果你是個握有權力的人，那出問題的就不只是你的人際關係，而會蔓延到你的整個事業體。下屬們不再相信你說的福利、政策、願景。大家離心離德，這間公司變得沒有希望、沒有未來。有道是：「危牆不立，亂邦不居。」一間沒有希望、沒有未來的公司怎麼留得住人才？遂矣分崩離析、終至衰敗！

的確，言出必行是個高難度的人格挑戰，這樣的人非常稀少。說話不算話是大多數人的通病（包括我在內），此乃人之常情，但不能把它當成理所當然。為了防止這個「症頭」發作，最好的方法就是別隨便給承諾，「凡輕諾者必寡信」。而我們也要知道，別輕易相信別人的承諾。有句俗話說：「承諾就像要與他人母親發生超友誼行為！（這句話一般我們會縮寫成三個字）」每個人都會講，但沒幾個人辦得到。

怎麼讓別人信守承諾呢？不能只倚靠對方的人格，而是必須讓自己強大。唯有你強大，別人才會不敢毀諾。在職場上，如果你完成了對老闆的承諾，但他卻不履行該給你的福利。那麼只要你夠強大，一旦有人挖角，就可以掛冠求去且問心無愧。只要你夠強大，一旦時機成熟，自行創業反攻回朝也無可厚非。一旦你夠強大，別人就得遵守他的諾言。

所以，如果別人常常失信於你，不是你人太好，而是你太弱了！

周文王嫡長子姬考，據説長得非常帥
是那種每天早上會被自己帥醒、
帥到臉會痛、沒朋友的程度
不但長相標緻、懂音樂而且還是個孝子
呀
呀
當年文王被紂王關起來的時候，就是姬考去救他的
但因為長得太帥，結果被妲己看上…
天啊！寫成這樣，好想知道他到底長多帥！
哈嘶
哈嘶
……

第 5 章

亂世出英雄：春秋戰國

東周分成前後期，

前期叫春秋，後期稱戰國。

春秋有五霸，戰國有七雄。

西元前七七〇年平王東遷之後，
開啟了春秋時代；
西元前四〇三年韓、趙、衛三家分晉，
進入了戰國時期。

1. 周天子威信崩壞

春秋戰國時代禮崩樂壞，臣弒君、弟弒兄、子弒父時有耳聞（怎麼跟現代有點像）。光是在春秋兩百多年間，就有五十二個諸侯國被滅。有大小戰事近五百次，三十六名君主被臣下或敵國殺掉（在這個時代國君是消耗品）。周天子無力維持政治秩序，原本西周的社會運作模式，已經無法在這個亂世中運行。

毛澤東說：「天下大亂，形勢大好！」亂世出英雄，這是個英雄輩出的時代。

天子變孫子

犬戎入侵之後，鎬京破敗，平王東遷至雒邑。上一章有講到，平王的外公申侯聯合諸侯國和外族擊殺了周幽王。從人倫的角度來看，也就是丈人為了幫外孫奪大位，聯合外人幹掉女婿。姑且不論這到底是命運的糾葛還是感情的糾紛，子弒父的黑鍋，平王是背定了。

這裡面當然有很多愛恨情仇、利害關係，和不能為外人道的委屈。但這些諸侯們不管，你連爸爸都敢動是事實，我當臣子的不甩你也只是剛好而已。這讓平王注定無法站在道德的制高點，用「德」來號令天下。再加上遷都雒邑之後，周王室放棄了關中廣大的王畿，領地變小了，實力當然也就變弱了。對諸侯的控制力遠遠不如從前，周天子威信的崩壞，從周鄭交質和繻葛之戰兩件事看得出來。

周鄭交質

周鄭交質就是周天子和鄭莊公（鄭國國君）交換兒子，互為人質的故事。將兒子交到別人的手上當人質有兩種情況：

其一、下對上。

莎士比亞說：「戴著皇冠的腦袋是睡不著的。」自古所有的君王都擔心臣下叛變。所以為了防止屬下有不臣之心，都會把諸侯的繼承人留在京師當人質就近看管。一旦你敢犯上作亂就先幹掉你兒子，讓你白髮人送黑髮人。清朝康熙皇帝怕平西王吳三桂造反，把吳三桂的長子吳應熊留在北京當人質就是例子。而諸侯將兒子送去當人質，則可以表達誠服之意，讓國君對自己安心。

其二、平等的兩國，但雙方互信基礎薄弱。

兩國之間因為糾紛、戰爭或其他因素導致互信基礎不足，為了防止再發生衝突，雙方會交換兒子當人質，秦始皇小的時候就在趙國當過人質。萬一對方毀約來襲，你就可以幹掉他兒子。哈哈哈！開心齁？但別忘了，你兒子也在他手上！這是一種互相傷害的概念。所以要是真的有一方存心搞破壞，這一招基本上起不了什麼作用。而且，或許是歷史的弔詭也可能是人性使然，這種動作就像簽和平協定一樣。沒有實力做基礎的話，隨之而來的幾乎都是戰爭（你看以色列和阿拉伯簽了多少和平協定）。東周當然也不例外，沒多久，周鄭之間就爆發了「繻葛之戰」。

繻葛之戰

平王崩，桓王繼。鄭公勢大，桓王忖，欲削其權。莊公大怒，不覲並收周之禾、麥。桓王憤，集陳、蔡、衛之師而討之，並戰於繻葛。戰起，陳師立潰。蔡、衛力寡不敵，桓王為亂箭傷及肩。周師潰敗，左右請莊公從。公曰：「君子不欲多，況敢陵天子乎！苟自救也。」是夜遣使而慰之。

——《呂捷春秋①》

白話文就是，周平王掛掉之後，由周桓王繼位。鄭莊公的勢力日漸坐大，讓桓王感到不爽，想要削弱鄭莊公的權力，並且架空他。鄭莊公勃然大怒，不僅不再去拜見周天子，還派人收割了周天子領地裡的稻子和小麥。桓王抓狂了！找來了陳國、蔡國和衛國出兵去討伐鄭國，並且交戰於繻葛。

雙方一交戰，陳國的軍隊如即溶奶粉一樣，呼~的一下……就潰散了！蔡、衛兩國的軍隊太弱，也擋不住鄭國的攻擊。一陣混戰之下，周桓王被箭射到肩膀落荒而逃，王師大敗。鄭莊公的大臣力勸趁勝追擊，「趁他病，要他命！」但莊公說：「算了啦，剛好就好。再怎麼說他還是名義上的共主，我反擊只是為了自保而已。」於是當天晚上，莊公派使者拿著雞精和水果禮盒去探望周桓王。

這段歷史按照黑社會的說法就是，老大沒落小弟崛起，不但不鳥大哥，還跑到他的地盤收保護費，老大決定糾集幫眾跟他火拚。但俗話說：「不怕神一樣的對手，就怕豬一樣的隊友！」最後不但慘敗，肩膀還中了一槍。幸好這個小弟算有一點「斬節」②，沒有繼續追殺，還派人來關心一下。

天子罩不住了是個鐵錚錚的事實，天下大亂已經是無可避免的了。

春秋五霸崛起

天子威望盡失，諸侯之間征伐不斷。為維護各國之間的和平與秩序，霸主相繼崛起。對於春秋五霸是哪五霸，有許多不同的見解。我們這裡用國立編譯館的說法，齊桓公、晉文公、宋襄公、秦穆公和楚莊王，共五位霸主。聰明如你一定看出來了，前面四位都叫做「公」，但最後一位稱「王」了，也就是說，楚莊已經不把天子放在眼裡，僭號稱王。

這些霸主當然都有兩把刷子，但呂捷覺得最有趣的，實屬齊桓公和晉文公兩人。

① 呂捷春秋：作者仿《春秋》口吻簡述這段歷史。

② 斬節：閩南語，指的是「分寸」，有斬節表示懂得分寸的意思。

2. 春秋時代第一位霸主：齊桓公

一箭之仇

齊桓公是春秋時代的第一位霸主，但是他有個很可愛的名字，叫做小白。在位四十三年九合諸侯，完成一代霸業。桓公年輕時曾和兄長公子糾爭王位，輔佐桓公的是鮑叔牙；輔佐公子糾的是管仲。

當年齊國內亂，公子糾躲到了魯國去，受魯莊公的庇護；小白則是跑路於莒國。齊國兩位國君先後被殺之後，早先一步出國避難的公子糾和公子小白紛紛趕回齊國要繼承大位。輔佐公子糾的管仲率軍半道攔截小白，並勸他放棄王位，但小白不聽（這不是廢話嗎），於是管仲暗中放箭射殺小白。不料這一箭沒有射中小白，只射中小白的帶鉤（束腰皮帶的掛鉤），小白順勢裝死以卸其心防，然後日夜兼程趕回齊國繼承大統，是謂「齊桓公」。

擁護公子糾的魯國隨後出兵攻打齊國，齊魯一戰，魯國大敗。小白發出江湖追殺令要殺管仲，就在這個時候，管仲的好朋友鮑叔牙跳出來了。（我跳出來了～我又跳進去了～打我啊笨蛋！）

鮑叔牙是管仲最好的朋友，麻吉、換帖、鐵哥們！他們年輕的時候合夥做生意，在菜市場擺攤賣起了黑輪、鴨血。賺了錢管仲拿走，賠錢鮑叔牙來墊。最後這家店毫無疑問的……倒了（據說青年創業，開餐飲類的一年內倒閉率高達百分之七十）。朋友們紛紛勸鮑叔牙：「這種朋友你還在交？」老鮑笑笑的說：「你不知道啦，管仲上有老母、下有幼子，他也是無奈啊！」

做生意不成，管仲想說來當流氓好了，於是創立了菜市仔黑輪幫。幫主管仲、副幫主鮑叔牙，幫眾……招募中（待優、月休七天、享勞健保，誠可議）。不久，遇到公園口香腸幫率眾來挑釁……管仲跟鮑叔牙講：「你先頂一下，我去烙人！」

沒錯！管仲「落石類」（本省掛的江湖黑話，落跑的意思）了！結果鮑叔牙被打得比連煮八個小時的貢丸還腫。朋友們紛紛跟鮑叔牙說：「這種朋友你還在交？」老鮑依舊笑笑的說：「你不知道啦，管仲上有老母、下有幼子，他也是千百個不願意啊！」

後來管仲去當官，也因表現不好、滿意度太低被免職了。輔佐公子糾時，公子糾也GG……綜觀以上，管仲真的是個不折不扣的魯蛇，而且還帶賽。但唯有鮑叔牙知其能也！

齊桓公繼承大位之後，要聘鮑叔牙當宰相，但鮑叔牙拒絕了，他對桓公說：「主公，您是想把齊國治理好而已，還是想成就大業，當一代霸主？」

公曰：「我當然想稱霸天下啊！」

鮑叔牙：「如果主公有此宏願，我推薦一個人，他才是最適合的人選。」

公曰：「誰？」

鮑叔牙：「管仲！」

公曰：「管仲？這個名字聽起來很熟？」

鮑叔牙：「對啊！就是一箭射到你的那個。」

公曰：「這傢伙要殺我，你還要我請他做宰相？你頭殼有洞喔！」

鮑叔牙：「當時管仲輔佐的是公子糾，當然希望公子糾能夠稱王，要殺您也只是各為其主，並不是他對您個人有什麼仇恨，無可厚非啊！」

桓公：「呃……難道就這麼算了？」

鮑叔牙：「主公，您想成為天下的霸主嗎？（語氣高八度）」

桓公：「當然想啊！」

鮑叔牙：「那麼過去的事您就用立可白擦掉吧，唯有管仲能助您成就霸業。」

於是，鮑叔牙發了一封 mail 給魯莊公：「公子糾是齊君的兄弟，齊君不忍心殺他，請魯國殺了他（這個不忍心好像怪怪的），但管仲是仇人，齊君要親手殺他，所以請把他送回來。如不從命，我們戰場上見。」

管仲被送回齊國後，桓公重禮聘之，任為齊相。在管仲的輔佐下，齊國成為春秋初期最強大的國家，齊桓公也成為一代霸主。後來管仲曾說：「生我者父母，知我者鮑叔牙也！」

這就是報「一箭之仇」的由來，是不是跟你想的不一樣？

尊王攘夷，九合諸侯

春秋時代周天子地位下降，而四周的外族又趁著華夏大亂之際，不斷入侵、滋擾。管仲為齊桓公提出了基本國策，「尊王攘夷」。也就是，尊重周天子天下共主的地位，討伐抵禦來犯的外族。桓公在位期間多次討伐了入侵的戎狄，包括：救燕伐戎、救邢伐狄、救衛伐狄、討伐楚國……等。尊王攘夷讓齊桓公取得了道德上的制高點，再加上國力的強盛。面子裡子都足了，造就「九合諸侯」的霸業。

再次強調，「三六九」在古代是虛數，表示「多」。「九合諸侯」就是會盟天下諸侯很多次的意思。根據《春秋》記載，齊桓公會盟諸侯共有十六次。

不過齊桓公也不是真的這麼正義凜然，不是每次舉正義之師都是為天下而戰。來跟大家說個史上最扯的戰爭：「蔡姬盪舟，桓公伐楚」。

二十九年，桓公與夫人蔡姬戲船中。蔡姬習水，盪公，公懼，止之，不止，出船，怒，歸蔡姬，弗絕。蔡亦怒，嫁其女。桓公聞而怒，興師往伐。

——《史記》卷三十二・齊太公世家第二

「蔡姬」就是來自蔡國的美女，在古代，史書、家譜是不登錄女人名字的。蔡國國君為了拉攏齊桓公，獻上小美人蔡姬討桓公開心。心想大樹底下好乘涼，樹大還掉果子，砸中腦袋還可以提高智商變牛頓。有齊國這個靠山，楚國就不敢來犯，於是將蔡小美嫁給了齊歐爸。當年若有《春秋日報》，應該會這麼下標「霸主娶妻！爺孫戀修成正果，今日席開百桌」。蔡姬貌美深得齊歐爸的寵愛，原本倆口子生活過得愜意，英雄美人傳為佳話。孰料這一切就在一次遊湖之旅後，風雲變色！

話說這天風和日麗、微風徐徐，齊歐爸和蔡小美來到了湖邊划船。船至湖中，蔡小美年輕愛玩又習水性，覺得光是這樣划船不過癮，於是站了起來，跳起春秋時代最流行的搖晃舞（你別管搖晃舞是什麼，反正跳舞不就這麼一回事！）搞得船身晃蕩。桓公頓時被嚇得一陣哇啦亂叫，臉都白了，直喊：「哈妮……別玩了……別晃啊……我怕！」蔡姬心想，你不是常說什麼大風大浪沒見過嗎？這一定是假裝害怕逗我開心！於是越搖越有成就感，更來勁了！唉，蔡小美不知道老先生口中的「大風大浪」是形容詞，不是名詞，這就是「代溝」吧！

桓公登岸之後氣不打一處來，對著小美一陣臭罵，血壓瞬間飆升到兩百二。並且把小美趕回娘家，要她好好反省。本來嘛，夫妻哪有不吵架的，床頭吵床尾和，只要不演武俠片，鬧鬧也就算了！過個幾天寫個悔過書，再撒撒嬌，表示深具悔意有教化之可能，一切也就沒事了。怎知小美被趕回娘家蔡國之後，她的哥哥蔡穆侯也生氣了。你這老傢伙氣量也太小了，不過就是搖個船而已，有必要氣成這樣嗎？還一代霸主哩！沒關係，咱們貨好不怕沒人買，我妹子可是網路票選宅男女神第一名，粉絲專頁破百萬，於是隨後便把小美嫁到了楚國。

這下真的惹怒齊桓公了！本來只是要嚇嚇小美而已，讓她深刻反省、自我檢討，再接她回來。而且齊桓公並沒有寫休書，兩人婚姻關係還在，讓蔡侯這麼一搞，不就得高唱孫燕姿的〈綠光〉，齊桓公瞬間變成齊綠公，這口氣怎麼也嚥不下，於是召集諸侯聯軍，興師出兵蔡國。

《左傳》記載了這場戰爭的經過：「侵蔡，蔡潰。」（對！就只有四個字！毫無懸念！）齊桓公打蔡國，就彷彿是海軍陸戰隊打國小糾察隊、MMA格鬥選手打傳統武術大師，一擊立潰，一碰就碎。齊桓公帶著諸侯聯軍遠征，場面搞這麼大，結果還在熱身比賽就結束，太沒有成就感了！為了刷存在感，桓公把矛頭指向楚國，興師伐楚去了。

聯軍到了楚國邊界，楚國出兵抵抗，並派使者去找齊桓公談判。楚國使者跟齊桓公講：「您在北地，我們在南方，根本就不同伺服器，風馬牛不相及。你現在侵門踏戶，是想怎樣？」此話一出，桓公也傻了！總不能說：「你泡我馬子，我很不爽吧！」所以後來在雙方談判之下，結束了這場鬧劇。

⊕蔡姬蕩舟教我們的事

或許整件事情的起因是小女生貪玩而引發戰事，導致蔡穆侯被俘、齊師伐楚。史有明載，齊桓公好色（這也算是一種身體健康的表現啦），但如果你認為他會為了一個女孩輕啟戰端，那可就低估了他的智商。孫子曰：「兵者，國之大事，死生之地，存亡之道！」人生閱歷如此豐富的齊桓公，如果連這個買賣都算不清楚的話，怎麼可能稱霸中原。蔡小美惹怒齊大叔應該是個意外，但蔡侯將妹妹改嫁確實讓齊桓公找到了藉口，最終目的是要試探楚國的實力。

當齊桓公聲勢如日中天的時候，楚國亦不斷擴張，增強國力。俗話說：「一山不容二虎，除非是一公一母！」看樣子楚國也不是吃素的。如果不找機會殺殺他的銳氣，將來必成大患。所以齊桓公只是找個藉口，表面上攻蔡，實際是為伐楚而來。蔡姬根本不是重點！因此相關史冊才都沒有記載蔡姬之後的行蹤與下落。

這段歷史也告訴我們，當你的上司長官拿著雞毛蒜皮、微不足道的小事借題發揮時，你不要只會說：「幾摳肖ㄟ，別理他！」很多時候不是這個人的個性有問題，而是別有所圖。

另一件歷史教會我們的事是，別用「忍耐」來測試另一半對你的愛。我常在網路上看到很多女孩以多會控制另一半自嗨！一天只給他兩百塊，要吃兩餐，含交通、油錢和買菜。那如果有應酬？朋友聚會？偶爾打個小牌？還大喇喇的說，在老娘的世界裡，他沒有朋友也不需要應酬，因為有我的愛。

唉，這樣的愛情會快樂嗎？會有幸福感嗎？妳坐在五星級飯店陪姐妹喝下午茶，他站在主管的辦公室獨自挨削！奉勸幸福的人啊，別把人家對妳的愛拿來炫耀自己多有才！如果他真是自願的，那也只是因為對妳的愛戰勝了一切。請付出真心、珍惜、關懷！

後管仲時代

在管仲當宰相的這段期間，提出了「尊王攘夷」的基本國策，為齊桓公提供向外侵略的藉口。並建立官制、改善農商環境、行兵民合一和維持常備軍。特別一提的是，管仲為了增加稅收還創了國營妓院，稱之為「女閭」。將戰犯或罪犯的妻女收入其中，徵其夜合之資（就是花粉錢，古代人講話真含蓄）。齊國的歲入大增，其他國家的人民也紛紛慕名而來，齊國一時成為最受成人雜誌推薦的旅遊新景點。你知道嗎？古代青樓妓院等聲色場所拜的神不是豬八戒，而是管仲。

綜觀以上幾點，你可以清楚發現，管仲是個實務派，施政上沒有多大的道德包袱。他曾說過：「倉稟實而知禮節，衣食足而知榮辱。」意思就是，物質才是王道！禮義廉恥是吃飽飯之後的事，與其高談闊論「安貧樂道」的理想世界，不如承認：「笨蛋！問題在經濟！」

在管仲的輔佐之下，齊國國力蒸蒸日上，桓公也成為春秋時代的第一位霸主。但花開花落有時盡，千古風流人物也都有付諸笑談中的一天。

齊桓公四十一年（西元前六四五年），管仲病重，住進了榮總的加護病房（早期黨國大老生病都住榮總）。桓公坐著加長型的凱迪拉克前往探病，見管仲已不可為，問他：「管先生，萬一有一天你蒙主寵召，加入天堂顧問團，在你之後誰可為相？」

管仲：「了解臣下莫過於君主，主公你看呢？」

桓公：「易牙如何？」

管仲：「不好！殺掉孩子來討好君主，不合人情。」

桓公：「開方如何？」

管仲：「不好！背棄親人來討好君主，不合人情。」

桓公：「豎刁如何？」

管仲：「不好！閹割自己來討好君主，不合人情。」

在這裡所謂的不合人情，指的是不符合人性與常情。

桓公再問：「那你的好朋友兼救命恩人鮑叔牙怎麼樣？」

管仲再度搖頭說：「不可，老鮑為人太正直、嫉惡如仇，眼裡容不下一點罪惡。（奇怪，那鮑叔牙怎麼會跟你當朋友？）搞政治的一定要骯髒齷齪（這一句不是管仲講的，是我自己加的），水至清則無魚，人至察則無徒。水如果太乾淨就沒有魚，第一、一望見底，魚都被抓光了，第二，乾淨到沒有浮游生物，魚沒得吃都掛了。如果一個人對所有的小事都斤斤計較，那就不會有跟隨者。」

管仲臨終前推薦了隰朋（就是成語老馬識途的主角），無奈在同年年底，隰朋也加入了天堂顧問團。在管、隰兩人相繼去世後，桓公重用易牙、開方、豎刁等人，注定了齊國的沒落。

後來桓公病重，奸臣掌權、諸子爭王，沒有人搭理這位病危的獨居老人，最後被活活餓死。最淒涼的是連死了都沒人知道，是蛆蟲從門縫裡爬了出來大家才發現。

一代霸主落得如此下場，令人不勝唏噓啊！

⊕管仲教我們的事

縱觀管仲的一生，嚴格說起來，年輕時的管仲近乎是個無賴，對於所謂的原則充滿「彈性」。活著最重要！活著才是王道！人在面對生死交關之際、危急存亡之秋，為了自保幹出一些不光彩的事，其實無可厚非。你打電動的時候HP值①剩三趴②，遇到魔王你也閃啊！更何況，人生不是打game，不能砍掉重練。

所以很多白色恐怖時代的黑資料被挖出來之後，常有人批判「誰誰誰出賣了某某某」，然後將其批評得一文不值，這種人實在是腦弱。面對警總的刑求，骨氣是硬不過刑具的。

但掌權之後，管仲深知治國不能靠口號與理想。做事但求務實，高談闊論是無濟於事的，理想在現實面前往往都得低頭。搞好經濟才能厚植實力，窮山惡水刁民潑婦。很多人喜歡紙上談兵，說的比唱的好聽，但這些人通常當不了將軍。真讓他掌兵，將帥無能累死三軍。三國時代的馬謖就是個好例子，劉備是個水裡來火裡去、真刀真槍打出來的主。千萬別讓歇後語騙了，「劉備的江山，哭出來的。」一個織席販履、夜市擺攤出身的人可以打下一片江山，絕對不是只會哭。劉備早就看出馬謖難堪大用！

最後，管仲臨死前用一生的經驗告訴在上位者，用人的標準不是喜不喜歡，而是這個人的本性好不好。記得有個長輩告訴我：「交朋友要看這個人好不好，而不是厲不厲害。」也是這個道理。

管先生教了我們三件事：「務實、活著、務實的活著！」

① HP值：英文 hit points 的簡寫，在遊戲裡代表角色的生命值。

② 三趴：趴是英文 percentage 的諧音，指「百分比」，三趴表示百分之三。

3. 各有風格的霸主們

大器晚成的晉文公

晉文公，姓姬，名重耳，命格屬於大器晚成型。據《史記》記載，他從四十三歲開始跑路，逃經八國流亡十九年，六十二歲回到晉國當國君，八年後七十歲薨。他開啟了晉國長達一百多年的霸業，也是五霸中稱霸最久的。至於他年輕的時候，親爹後母怎麼暗殺、追殺、買凶殺他……在春秋戰國時代這種案例太多，就略過不講了。

來跟大家聊個習俗，你知道為什麼清明節要吃「潤餅捲」（春捲）嗎？相傳（因為沒有當代的史料做佐證）晉文公流浪到衛國的時候，斷糧了。而在飢寒交迫、血糖降低時，有個人出現了，那就是：介之推！

介之推效法釋迦牟尼佛「割股餵鷹」大愛的精神，演出「割股奉君」，割了一塊大腿肉烤給晉文公吃！文公大為感動，熱淚盈眶握住介之推的手說：「如果有一天我登基大寶，一定不會忘了你的！」

誰知山盟海誓一覺醒來變成昨暝歹勢。晉文公回到晉國當國君後，大封有功之臣，獨獨忘了介之推。但介之推淡泊名利也不爭功，決定退隱山林。後來晉文公終於想起介之推，才發現他已經隱退於棉山，便親自去找他。遍尋不著之際，有個二百五的官員提議，我們就放火燒山把他逼出來就好了啊！晉文公一聽，有道理ㄟ（哪來的道理？）於是決定放火燒山！我當年讀到這一段的時候一直在想，晉文公到底是想念介之推，還是懷念那一塊燒肉的口味……

熊熊大火瞬間燃起，燒山之後並沒有看到介之推走出來。眾人上山尋人，最後在一棵槐樹上發現了一串「焦阿巴」，經鑑定是介之推母子二人。後來每年的這一天，晉文公想到介之推就難過，於是下令這一天大家都不准開火，只能吃生冷的食物，這就是寒食節的由來。

正好寒食節是在清明節的前一天，流傳久了就演變成清明節要吃潤餅了。而介之推母子抱著的那棵槐樹也被晉文公砍了下來，做成木屐穿在腳下，以資紀念（這個紀念方式怎麼怪怪的），這也是後來稱好朋友為「足下」的典故。

⊕晉文公教我們的事

有關於晉文公的成語，還有一個「退避三舍」。當時晉文公流浪到楚國，楚成王熱情款待。在一次宴會席間，楚成王開口了：「重耳啊，我對你這麼好，你要怎麼報答我啊！」

注意了！楚王要重耳給承諾了！

重耳：「大王啊！您身邊美女如雲、玉腿如林、金玉滿堂，富貴雙全、攀上人生巔峰我還能給你什麼？不如這樣啦！如果有一天我回到晉國當國君，我們兩國又剛好有戰端，我願退避三舍。（一舍是三十里，三舍就是九十里。）

晉文公果然是個狠角色！他奉行了給承諾的最高指導原則：虛無飄渺。他給了楚王兩個假設：一、我當國君，二、我們兩國交戰。

你要知道，當時的重耳正在跑路，正所謂「落難的鳳凰不如雞」，以當時的狀況他想要回晉國當國君，基本上是不可能的。就算他真的當了國君好了，如果兩國沒交戰，那這個承諾就跟呂捷說要減肥一樣，根本沒有意義。話說回來了，如果你想要我履行退避三舍的承諾，那可得先幫我回晉國當國君。吼！這樣一兼二顧，有吃、有拿、有摸彩，還可以當國王，根本穩賺不賠。

可是，這麼虛無飄渺的承諾怎麼唬得了楚成王呢？我猜，楚成王應該是喝醉了！

傻得可愛的宋襄公

宋襄公在史書中猶如諧星般的存在。為什麼這麼形容他呢？這要從宋楚爭霸的關鍵戰役「泓水之戰」講起。

齊桓公病逝之後，宋襄公崛起。但南方的楚國也已成氣候，中原霸主之爭勢必要有個了斷，所以宋楚之間打了一場泓水之戰。當時楚國的軍力非常強大，宋國的大司馬，也就是宋襄公的哥哥子魚，勸襄公趁楚人渡水沒有防禦能力之時發動攻擊。

此時，襄公說：「不行！要待楚兵渡河列陣後，才可以開戰。」

當楚軍上岸，陣勢還沒排好的時候，子魚又勸宋襄公趁此時襲殺楚軍！

襄公又說：「不行！要等楚軍整隊好，才可以開戰。」

等楚軍排好陣勢，展現壯盛軍容之後，子魚心灰意冷的說：「打唄……上唄……」

這時候，襄公又說：「不行！我要先訓話！」

各位軍民同胞們，我們是一支有紀律、有格調且講究仁義的軍隊，不能趁人之危。戰士們！我們在作戰的過程中要謹記兩個原則：不重傷、不擒二毛，以展現我們的風度！

所謂「不重傷」，就是當敵軍已經受傷的時候，你不能補刀；所謂的「不擒二毛」，就是不能俘虜老人。結果宋軍大敗，襄公也中箭掛彩。戰後接受記者聯訪的時候，宋襄公只說了一句：「年輕人不講武德！」

⊕ 宋襄公教我們的事

我當年讀到這一段的時候也覺得宋襄公迂腐到可笑。但是在踏入社會多年之後，突然發現這種人很傻，但傻得很可愛！

當然我不是在推崇宋襄公那唐吉訶德式的騎士精神，因為在生死交關的戰爭中，真的很蠢。面對戰爭這種存亡之道，宋襄公的確是可笑。但撇開生死門不說，商場如戰場、職場如戰場，人生根本處處是戰場。所以不講武德好像變成了理所當然，一切都回到叢林法則。

長大之後，我們不斷被「環境」教育著，勝負就是一切，勝者為王才是真理！為了勝利我們可以不擇手段，撒謊欺騙、偷襲補槍都只是方法而已，而方法沒有好壞，只有成敗！什麼風度、教養、道義，甚至是法律都是有「彈性」的。

然後告訴自己，等我贏了、等我上位了、等我有錢了、等我……就會有風度了，就會體面了！其實這些話就只是讓自己晚上不用吃安眠藥也可以睡得著而已。

你身邊一定有這種人，因為……我也是。

4. 弱國也有外交

孔子的最大支柱

春秋的霸主很多，為了避免通篇都是打打殺殺的，在下不才我就不再一一贅述。不過你有想過，靠一張嘴就可以搞定戰爭嗎？

春秋戰國時代的工商業也發達。各國國君追求富國強兵，而工商業賺錢當然比農業快。以前經商是貴族的特權，但隨著禮崩樂壞，封建制度也跟著瓦解，一些平民企業家就出現了。包括煮鹽的猗頓、冶鐵的郭縱、蜀巴寡婦清，還有一個……當時的世界首富，孔子的得意門生「子貢」。

經歷過高中時代的你，一定很痛恨《論語》這本書。當年的《中國文化基本教材》裡，《論語》占了很大的一部分。國文課本說，《論語》是孔子弟子與再傳弟子所寫，天啊！兩千五百多年前的人講話怎麼這麼難懂？重點是還要考默寫、解釋跟翻譯。我的老天鵝啊！怎麼明明都是中文，但看起來比微積分還難理解！我真的不懂你的明白……

脫離考試的壓力之後，我突然發現，其實這本書還滿好看的！《論語》採對話集的方式呈現，裡面滿滿的都是孔子和學生的對談。

孔子的弟子形形色色，有當流氓的，有會做生意的，還有喜歡上課打瞌睡的。其中「孔子學園網路票選男神排行榜」第一名的就是子貢！

你有沒有想過一個問題，孔子周遊列國十四年，他有收入嗎？有終身俸可以領嗎？有版稅可以抽嗎？還是他有廣告代言？沒有，什麼都沒有！雖然有投資一點基金，但請注意，基金投資有賺有賠，申購前請先詳閱說明書。那他環遊世界的錢從哪來的？據考據，孔老夫子周遊列國的旅費幾乎都是子貢出的，子貢就是孔子的「使邦社」[①]。換句話說，就是子貢「斗內」[②]孔子的！

子貢本名端木賜，不但家世好、背景好、多金，而且帥到每天早上被自己帥醒。用現在的說法，子貢就是個高富帥的官二代。而這個高富帥的官二代還非常有能力，會做生意，能言善道。我最討厭這種人了！這叫我們這些魯蛇、肥宅怎麼混啊？

司馬遷的《史記》裡有一段叫做「齊師伐魯」，講的就是就是齊國出兵攻打魯國這段歷史。魯國是一個文化很強，但武力非常弱的國家。也就是一年出產八十五個諾貝爾獎得主，但國家最先進的武器是彈弓。所以一旦齊國出兵攻打魯國，那魯國毫無懸念必亡無疑。

齊國為什麼突然想打魯國？是因為釣魚臺問題嗎？非也，非也，是因為齊國在權力鬥爭之下換了個宰相田常。但田常在國內的聲望不高，民調低迷，於是他想，先打場勝仗立威再說，藉著戰勝轉移焦點。

拔劍四望，瀏過的最軟……呃講錯了，是魯國最軟。柿子當然是挑軟的吃啊！你軟、你弱，不打你打誰啊！

孔子心想，我周遊列國十四年，好不容易要回國。結果一回國就亡國，難道是我帶賽嗎？於是問旁邊的學生？誰可以解決這個問題？

子石跳出來，孔子說你不行。子張跳出來，孔子說你也沒辦法。子路跳出來說拎杯來啦！孔子說，你也不行！就在這個時候，子貢挺身而出：「老師，我處理好嗎？」孔子終於點頭說：「有子貢我就放心了。」

談判王，子貢

子貢立馬驅車去找齊國的宰相田常，子貢一見田常，開口就說：「丞相有難！」

田常說：「我哪裡有難？」

子貢：「你不是要出兵攻打魯國？」

田常：「是啊！」

子貢：「丞相您覺得此戰有多少把握？」

田常：「尼嘛幫幫忙！胖虎打大雄，毫無懸念！地下賭盤開盤一賠八！連幼兒園中班的都知道我會贏。（連接新聞子母畫面，記者在幼兒園門口攔下一位小朋友堵麥：小朋友，你覺得胖虎葛格打大雄，誰會贏啊？）」

子貢話鋒一轉：「是啊，如果連幼兒園的都知道你會贏，那贏了是理所當然，萬一輸了呢？可是貽笑大方！而且就算是贏了，菜市場的阿好姨也會笑你，大人打小孩，見笑！」

丞相打魯國不就是為了立威，在國內拉抬民調支持度。一般來說，想要立威要找個對等的對手，大學生打幼兒園的，歹看啦！就算贏了也被天下人唾棄，被名嘴恥笑。（再度進政論節目畫面。胡忠信：海水退潮就知道誰沒有穿褲子！）

田常說：「那該怎麼辦？不然我打北韓怎麼樣？」

子貢：「呃……別鬧了啦！金小胖連老美都不怕了，你找他玩？你是智商比民調還低嗎？不如我找別人來打你，你覺得怎麼樣？」

田常：「誰要來打我？」

子貢：「吳王夫差啊！吳王夫差寄摳肖年ㄟ蓋秋條③，我叫他來跟你打，你去打魯國沒有意思，打吳國就有意思多了。」

田常：「可是吳國會跟我打嗎？」

子貢：「丞相，你相信我嗎？」（配合誠懇的眼神）

田常：「我當然相信先生啊！」

子貢：「我處理。」（配合堅定的眼神）

子貢隔天搭高鐵去吳國，見到吳王夫差第一句話就是：「大王有難啊！」

夫差：「我哪裡有難？」

子貢：「你沒聽說齊師伐魯嗎？」

夫差：「聽到啦，但關我根毛啊！」

子貢：「問題就出在這根毛上面。當齊國滅掉了魯國，誰住你隔壁？你想想，跟喜羊羊當鄰居好，還是跟灰太郎當鄰居好呢？」（眼睛微瞇，配合著故作懸疑的表情）

夫差：「先生所言甚是！子貢電子揪感心ㄟ～那我該怎麼辦？」

子貢：「你這時候應該舉正義之師，討伐齊國。並且在推特和臉書發文，到時候連拜登和習大大都會幫你按讚！瞬間變網紅，電爆一堆女神男神！」

夫差：「但是如果我去攻打齊國，剛剛才被我KO的越國，如果從後面攻擊我怎麼辦？」

子貢：「大王你相信我嗎？」（配合誠懇的眼神）
夫差：「我當然相信先生啊！」
子貢：「越國我幫你處理，他不但不會打你，還會幫你出錢出力，把最精銳的遊俠和中國連弩兵交給你！（伐木工、伐木工、伐伐伐伐伐木工……請參見電玩《世紀帝國Ⅱ：征服者入侵》）」
夫差：「甘有影？」
子貢：「我處理！」（配合堅定的眼神）
隔天，子貢叫了輛 Uber 前往越國，看見越王，開口就講：「大王有難啦！」
越王說：「我哪裡有難？」
子貢：「你沒聽說齊師伐魯嗎？」
越王：「我聽到啦，關我根毛啊！」
子貢：「問題就出在這根毛上面。我聽說吳國要藉此機會伐齊，主持正義。」（眼

睛微瞇，配合著故作懸疑的表情）

子貢：「當吳國跟齊國打起來，你覺得誰會贏？」

越王：「我覺得吳國會贏！」

子貢：「如果吳國贏了，勢必更加壯大，粉絲團人數急速上升，你越國還有機會嗎？」

越王：「那怎麼辦？」

子貢：「可以讓晉國來打吳國，晉國是中原最強大的國家，夫差打完齊國之後一定會想稱霸中原，到時候一定得跟晉國開戰，而晉國才是中原最強的國家！你不想趁這個時候報個老鼠仔冤，嘎堵咖稱嗎？④」

越王：「可是晉國會去打吳國嗎？」

子貢：「大王你相信我嗎？」（配合誠懇的眼神）

越王：「我當然相信先生啊！」

子貢：「你只要假裝出兵幫吳國，剩下的我處理。」（配合堅定且自信的眼神）

隔天，子貢驅車前往晉國，看到晉王開口就講：「大王有難啦！」（他就一句臺詞講了四國，真好賺）

晉王說：「哪裡有難啦！」

子貢：「你沒聽說齊師伐魯嗎？」

大王：「有啊，但關我根毛啊！」

子貢：「問題就出在這根毛上面。當齊國去攻打魯國，吳國會出兵救魯，與齊國正面槓上。而吳齊之戰如果吳國勝了，就會成為中原上最大的霸權，威脅到你，那你怎麼辦？」（眼睛微瞇，配合著故作懸疑到不要不要的表情）

大王：「可是跟吳國ＰＫ，我沒有把握會贏ㄟ。」

子貢：「我可以叫越國從後面攻擊他，戳他屁股！」

大王：「先生說真的嗎？」

子貢：「大王你相信我嗎？」（配合誠懇到不要不要的眼神）

大王：「我當然相信先生啊！」

子貢：「我處理。」（配合堅定到不要不要的眼神）

司馬遷在《史記》裡說過：「子貢一出，魯存，魯國活下來了；齊亂，齊國內亂了；吳滅，吳國被滅掉了；晉強，晉國變強了；越稱霸，最後越國稱霸中原。春秋最後五十年的局勢，誰決定的？子貢決定的！」⑤

往後的局勢完全照著子貢的劇本走，「齊師伐魯」這部大戲在當年奧斯卡頒獎典禮上獲選為最佳影片，而子貢也囊括了最佳導演、最佳編劇、最佳男主角。至於最佳口白則頒給了呂捷。（沒有這個獎啦！踹飛！）

加碼爆料：在這個過程當中，子貢不但完成了對老師的承諾，還大撈一筆喔！詳情請查閱《史記》。

在這個時代，其他靠嘴巴解決紛爭與製造紛爭的人還有很多，如：蘇秦、張儀、晏子……不勝枚舉。

⊕ 子貢教我們的事

話術，是說話的技術更是說話的藝術。語言的力量非常大，古語有云：「一言興邦，一言喪邦。」也就是說，一句話可以振興一個國家，一句話也可以搞掛一個國家！你可能會說，有這麼嚴重嗎？

在臺灣這個對「時事」極度熱情的社會，尤其是網路世界，常常因為網友的一句話，造就了多少報紙標題和工作機會（記者不是常在網路抄新聞）！

多少原本不關心這個社會的朋友，因為一句話上網 google 這個議題，有沒有用不知道，但最少他達到了超越買四大報頭版廣告的穿透力，所以不要輕忽一句話的力量！

每個人都有一定的影響力，或許是一家公司，或許是一個家庭，也或許是一段感情，不論是友情還是愛情。這些都可能因為一句話而積極向上，也可能因為一句話而出現恐慌性賣壓，連續多日跌停鎖死。所以千萬不要忽略自己的影響力，更不要低估一句話的影響力！

時至今日資訊爆炸的多元社會，一句不經意的話依然關係到國家興亡。不僅如此，有power的言語能讓局勢翻轉，取得更大的力量，一句不經意的話都可能激起如此漣漪，更何況是經過深思熟慮、經過設計過的話術！

所以問題就在於，你要怎麼樣讓自己的語言有穿透力、影響力、傳播力，這才是人生最重要的課題。

①使邦社：英文 sponsor 的諧音，指贊助商。

②斗內：英文 donate 的諧音，贊助的意思。

③寄摳肖年ㄟ蓋秋條：閩南語發音，「這個年輕人很囂張」的意思。

④報老鼠仔冤，嘎堵咖稱：閩南語發音，「報老鼠仔冤」是指趁機報復細微的過節；「嘎堵咖稱」是指從後面偷襲。

⑤原文出自《史記》〈仲尼弟子列傳〉：「故子貢一出，存魯，亂齊，破吳，彊晉而霸越。子貢一使，使勢相破，十年之中，五國各有變。」

5. 春秋時期的社會活動

高手在民間，布衣卿相、養士之風

由於各國之間戰爭與兼併頻繁，追求富國強兵是君主們一致的目標，而國家的富強繫之於人才。以前只有貴族才能當官，現在只要你有能力，我就拔擢你當官，管你是貴族、平民還是奴隸。國君用人唯才，打破了貴族長期壟斷的政治權力，開啟了階級流動的大門。

但問題來了！俗話說：「你大爺終究是你大爺！」貴族還是有其經濟地位的優勢。如果你是個有才華的「窮」百姓怎麼辦？你必須先想辦法找飯吃！因此開啟了養士之風。

戰國末期，養士最為人知的有楚國的春申君、魏國的信陵君、趙國的平原君、齊國的孟嘗君，後人合稱戰國養士四公子。這邊的「士」不是只有讀書人，還包含了俠客、策士、方士、殺手，我們統稱為食客、門人。

其中最出名的非孟嘗君莫屬，時稱「小孟門下有三千」。也就是孟嘗君養了三千名食客、門人，不管三千這個數字是實數還是虛數，但養很多人絕對是真的。當時只要有一點點才華我就養你，甚至是沒有才華、什麼都不會我也養你。反正這麼多人吃飯，也不差你一雙筷子。

馮諼透過關係投奔到孟嘗君門下時，孟嘗君問他：「你會什麼？」馮諼說：「我什麼都不會。」小孟也只是笑一笑就收了。當然我們知道馮諼是有才華的，他幫孟嘗君收買人心，並為他置好狡兔三窟，讓他高枕無憂。但當時的風氣下，養士真的是什麼都養，甚至還有雞鳴狗盜之徒。

「雞鳴狗盜」依據教育部成語辭典的解釋是：「比喻有某種卑下技能的人，或指卑微的技能。亦用於形容卑劣低下的人或事。」用閩南語來講叫做「無三小路用」，但關鍵時刻，草仔枝也會絆倒人①！

這個故事是這樣的。孟嘗君出使秦國，秦昭襄王（就是秦始皇的阿祖）覺得他有才，想把他留在秦國當宰相。小孟不想，但又不敢拒絕，而且你一個空降就當宰相，已經擋到很多人的路了！所以就有人在秦王身邊吹妖風、進讒言、說小話。「孟嘗君是齊國的貴族，萬一遇到利害衝突，必定先顧及齊國的利益，這麼一來，我們秦國不就完蛋了！」秦昭襄王一聽覺得有道理，決定先軟禁孟嘗君之後，再找一個藉口殺了他。

養兵千日，用在一時，小孟養了這麼多食客，這個時候終於派上用場，有人跳出來出謀劃策了。大臣的妖風敵不過枕邊風，從秦王的愛妾下手。秦王的愛妾也不是省油的燈，提出一個條件，要之前進貢給秦王的那件「米蘭秋冬時尚秀的限量版白色貂皮大衣」作為謝禮。

就在小孟不知如何是好的時候，耳邊響起一陣歌聲「夜色茫茫，星月無光，我扮小黃，半夜去ㄎㄧㄤ！②」這就是傳說中的「狗盜」。

拿到限量版大衣的寵姬，成功說服了秦王放了小孟。小孟一刻都不敢停留，帶著大夥連夜出城。但是古代是有宵禁的，晚上要關城門，早上才打開。在那個時代判斷早上的依據不是太陽升起，更不是看錶，而是聽到雞叫。於是乎，孟嘗君的食客中有人站出來學雞叫，成功騙過了守門人。小孟一行人逃出函谷關之後，秦王才派人來追，但為時已晚。

才華需要麵包與舞臺才能起作用，養士之風提供了平民發揮的空間。歷史上知名的食客還有很多，像是刺秦王的荊軻、邏輯大師公孫龍、求職專家毛遂，還有完璧歸趙的藺相如。

民以食為天：農業三元素

華夏民族以農立國，吃是最重要的。當時缺的不是可耕地，是技術！所以耕種技術水平的改良就顯得異常重要，於是乎，出現了農業三元素「鐵、牛、水」，也就是鐵製農具、牛耕、水利工程。

戰國以前農民種田是用手挖、用石頭挖、用木頭挖，甚至是用貝殼挖……你能想像用蛤蜊來種田嗎？光是看背影就感受到那一份淒涼啊……鐵製農具的發明，大大的提高了生產效率。

牛被馴化後，人類開始利用牠們來耕田，牛的力氣肯定比我們大。再加上水利工程的興建，如：都江堰、漳水十二渠、鄭國渠，不但可以調節洪荒、減少水患，還可以幫助灌溉，農民不再只能看天吃飯，可以確保灌溉無虞。

有關於李冰父子的都江堰有多神奇，很多電視節目、網路影片都討論過，畢竟我不是學理工的，搞不懂！我以前上課的時候喜歡跟學生聊的是「漳水十二渠」。

用裝傻來破除迷信

漳水十二渠又稱西門渠是誰蓋的？不是西門慶、更不是西門子……跟西門町也沒有關係，是西門豹蓋的。這個名字有沒有印象？你小時候如果有看《中國民間故事》你應該聽過西門豹的故事〈河伯娶親〉！

Simon 當時到鄴城當縣長，遇到一個壞蛋……黃四郎！③

喂……走錯棚了！

Simon 當時到鄴城當縣長，看到當地百姓愁眉苦臉，於是問大家：「What's going on?」怎麼了？

老先生跟他說：「唉……河神要娶老婆。」

Simon：「娶就娶唄，幹嘛愁眉苦臉的？」

老先生說：「大人你有所不知啊……每年河神都要娶老婆，鄉裡的長官、豪強和巫師都要我們出錢幫忙辦婚禮和包紅包，加起來數百萬。而且他們只要看到略有姿色的少女，就說河神看上她了！然後在祭典的時候丟到河裡獻祭給河神……你看！我們村子裡的女孩跑的跑、哭的哭……慘啊！」

Simon 看了看手上的勞力士，心想還有這種事。這河神還真會過日子，到時候我要早點到搶個好位子。

河神娶親當天，Simon 站在前面。看著巫師咒語一直唸，土豪劣紳瘋狂數錢，要出嫁的新娘淚眼漣漣。我不禁笑了笑走到臺前……這個女孩長相真是抱歉，不能要求河神委曲求全。不如請巫師下去商量商量，多給我們一點時間，我們幫河神另覓紅顏。

來！把巫師丟到河裡面！

我站在河邊，等了一段時間，看來巫師搞不定河神，我們得另外找人……

來～讓巫師的弟子和長老一起入坑，讓他們到河裡面跟河神聊聊人生。

我看了看旁邊的土豪劣紳，他們一臉驚訝，怎麼新來的縣長跟我們較真！看來這邊不適合我們混……剎那間……所有人跪下磕頭當俗啦……不當大亨！河伯娶親……從此完結篇！

當縣長的快樂，往往如此樸實無華……且枯燥！

⊕西門豹教我們的事

這個故事裡，我們可以簡單的把人分為三群：鄉民、大老、豹哥。正所謂：「別跟傻子爭論，爭到後來，大家都分不清楚誰是傻子了！」但問題是，到底誰是傻子？真傻還是裝傻？

毫無疑問的，鄉民是傻子，大老是騙子，西門豹是裝傻！

試問，如果當初豹哥不是這番操作，而是跟百姓講：「沒有河神，你們被耍了！」

結局會怎麼樣？吃瓜群眾會感激涕零，還是跟西門豹拚命？想當然是後者！

第一、看熱鬧的不嫌事大，丟下去的又不是我女兒，而且說不定他根本沒有女兒。焚化爐要蓋啊！只要不是在我家旁邊就好。第二、萬一明年有水患怎麼辦？豹哥你能負責嗎？

再問，如果豹哥直接跟大老們翻臉會怎樣？當官的如果沒有跟地方勢力合作，這個官是當不下去的。別說是古代，現代也一樣，強龍不壓地頭蛇，就算壓過了，那也是遍體鱗傷。而且別忘了「鐵打的衙門，流水的官！」得罪地方派系，你不會有好果子吃。

如果是你，你該怎麼做？

或許有些人會選擇同流合汙，打不過就加入，無法消滅敵人，那就擁抱敵人！跟著他們一起撈錢、一起作威作福、一起……看著一個個年輕的生命在你眼前流逝！你做得到嗎？如果可以，恭喜你！你可以從政了！

豹哥用的方法是裝傻，裝得比你們還傻，做得比你們殺！正所謂「矯枉必須過正」！

當有一個人舉著「偉光正④」的大旗幹壞事的時候，你該做的不是喊：「你這個壞蛋！來啊！單挑啊！」而是比他更偉光正！用過激的言行來凸顯他的愚昧，這就是傳說中的「捧殺」！

當然，完勝壞蛋可不是讓你來享受當大哥的爽感的！清理完戰場，當然要開始建設！所以西門豹建了「漳水十二渠」。朋友們，你鬥贏了之後要做什麼？換你做……壞蛋嗎？

①草仔枝也會絆倒人：閩南語俗諺，路邊的小草也可能會絆倒人，意指不要小看任何人。

②夜色茫茫，星月無光：改編自軍歌〈夜襲〉的歌詞。

③黃四郎：電影《讓子彈飛》裡的角色，香港影星周潤發飾演，是個無惡不作的惡霸。

④偉光正：源自政治口號：「偉大的、光榮的、正確的中國共產黨萬歲！」簡稱為「偉光正」時，通常帶有諷刺意味。

6. 三家分晉：戰國時代來臨

一般來說，我們以西元前四〇三年，韓趙魏三家分晉做為分界，至此進入戰國。戰國時代的政治、社會、經濟變化非常劇烈。

沒有人再提「尊王攘夷」了。周天子的地位從名存實亡變成名實俱亡，這個時期，東周變成一個無足輕重的小國家。

戰爭型態也從「屈敵」變成「滅國」。如長平之役，秦國坑殺趙兵四十萬，你能想像嗎？美國獨立戰爭打了八年，也才死六千多人，秦趙一戰就搞掉了四十萬人！在在都顯示戰國時期戰爭之慘烈。

政治上，諸侯們紛紛僭號稱王，以前自稱「公」現在都稱「王」了。各個諸侯國也力行改革和中央集權，富國強兵是唯一目標，打仗就是要錢。拿破崙講過：「我打仗要贏有三個條件，第一、錢，第二、錢，第三、還是錢！」康熙皇帝也講過：「西北用兵打的不是兵馬，打的是錢糧！」兵馬為動，糧草先行。岳飛很能打仗嗎？你餓他三個月看還能不能打！金兵南下，岳飛站起來……喔……血糖低……頭暈！

打仗就是要錢，富國才能強兵。為了有錢，農工商業的發展也跟著大步向前。社會方面階級流動成為常態，貴族沒落、布衣卿相。

平民的崛起，除了各國追求富國強兵重用人才以外，教育的普及更為重要。不同於西周以前，春秋戰國時代的教育、學術、思想，都不再是貴族的特權。比起打打殺殺的爭霸戰，我更關注於學術思想的自由。因為知識就是力量！我們下一章見分曉。

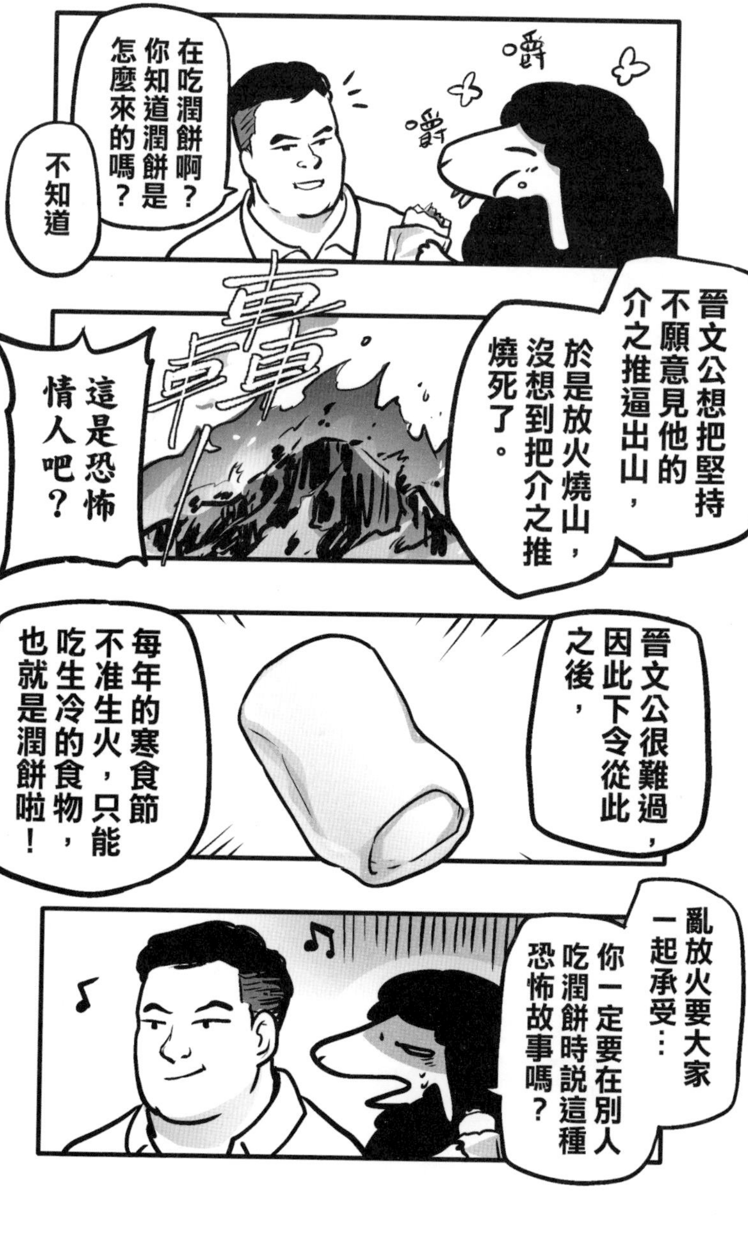

在吃潤餅啊？你知道潤餅是怎麼來的嗎？
嚼
嚼
不知道
晉文公想把堅持不願意見他的介之推逼出山，
於是放火燒山，沒想到把介之推燒死了。
轟
這是恐怖情人吧？
晉文公很難過，因此下令從此之後，
每年的寒食節不准生火，只能吃生冷的食物，也就是潤餅啦！
亂放火要大家一起承受…
你一定要在別人吃潤餅時說這種恐怖故事嗎？

第 6 章

真正的自由中國：諸子百家爭鳴

這個時代是真正的自由中國，為什麼這麼說呢？
春秋戰國是中國史上思想最蓬勃也最為自由的時代。
在西周以前，教育、學術、思想都是貴族的特權，
壟斷了知識，讓階級不斷複製。
上位者奪走的不僅是知識，
更是，力量。

1. 有知識，才有真自由

史上思想最蓬勃的時期

秦併六國統一天下之後，隨即焚書坑儒。這不是要控制人民的思想，而是要讓人民根本沒有思想。知識就是力量，沒收你的知識也就沒收了你的力量，這就是愚民政策。

但如果你想學習知識，有沒有機會？有！秦朝設有博士官七十人，你想學就得跟著博士學，我們稱之為「以吏為師」。你可能會覺得，那跟著博士學就有機會接觸知識，就有可能有思想，然後反抗政府推翻統治者……朋友，你想太多了。

第一、你以為當時能跟著博士官學習的人是普通人嗎？各個都是權貴子弟，他們本來就是統治階級，輪不到你這個水泥工的兒子。就像現在的某強國，能夠進入權力核心的，要嘛是誰的兒子、要嘛是誰的兄弟、要嘛是誰的女婿！會投胎比努力重要。

第二、就算你是個平頭百姓，但這個時候你已經變成統治階級的一部分，變成了既得利益者，你會拿石頭砸自己的腳嗎？

第三、當知識變成一種特權時，你會享受這份優勢和優越感，然後緊緊的握在手上。接著再把它傳給你的孩子、孫子、姪子，甚或是女婿，進行階級複製。

所以，你知道為什麼文化大革命的時候中國要「批孔揚秦」了吧！

西元前二二一年，秦始皇滅六國統一天下，直到西元前二〇七年，劉邦攻陷咸陽城，只有短短十四年就亡國了。中國史上第一個大一統帝國，為什麼僅僅十幾年就滅亡？歷代的讀書人和歷史老師會給你一個籠統的答案，叫做「仁義不施」！這個答案非常八股，我從小就覺得怪怪的，歷史又不是偶像劇，為什麼好人一定會打贏壞人，壞人就一定會有報應？仁義不施？一定有鬼！

秦國之所以滅亡的原因很多，很大一部分是因為賦稅制度，這個我們講到秦朝的時候再跟大家細談。那為什麼歷朝歷代都會告訴你仁義不施這麼籠統的答案呢？

這跟漢武帝有著絕對的關係。

漢高祖劉邦在建國之後，有感於天下久經戰亂，所以採取道家的無為而治。高、惠、文、景四個皇帝休養生息了將近六十載之後，國家變得富裕了。這個時候，漢武帝跳出來高喊「中華文化的偉大復興！強國夢！」一改之前的無為而治、黃老之術，採用了董仲舒的建議，罷黜百家、獨尊儒術，並設立了五經博士來教導儒學。你當然也可以研究諸子百家，但考試不考，想當官就得學儒家那一套。考試領導教學，而古代讀書就是為了當官，從此儒家成為了中國治術與學術思想上的主流。

雖然在魏晉南北朝時期，有些人為了逃避政治的黑暗時代，流行過一陣子的玄學，但儒學的影響力依舊強大。由於儒家那一套是極佳的統治工具，所以被歷代的統治者定於一尊。

話說回來，春秋戰國時代為什麼是中國史上思想最為蓬勃也最為自由的時代？

隨著春秋戰國時代封建制度的崩潰，很多貴族分不到封地也就沒有稅收，無以為繼之下，只好到民間找飯吃，就像孔子講的「吾少也賤，故多能鄙事」。

孔子是沒落的貴族，小時候家裡很窮，還替人放過牛、管理過牲口，長大之後他在魯國的貴族季孫氏那邊工作，當過會計、司儀。不過再怎麼說，孔子還是貴族，瘦死的駱駝比馬大。就算是已經家道中落了，他還是受過教育、認識字的，知識就是力量！三十歲的時候，孔子創辦了史上第一間補習班「儒家學苑」！開啟了創業模式，所以他說的「三十而立」就是自己的經驗之談。

像孔子這樣的沒落貴族還有一大把，紛紛投入辦校興學之路，開啟了補教業的黃金年代。

九流十家

最早將中國思想流派做分類的，是司馬遷的爸爸司馬談，他將先秦的思想依序分為六家：道、儒、墨、名、法、陰陽。

為什麼道家排在最前面？因為漢朝初期盛行道家的無為而治。就像《百家姓》為什麼第一姓是「趙」，因為成書的時間是宋朝，而宋朝的國姓是趙。

我們都聽過九流十家，儒、道、墨、法、農、名、雜、陰陽、縱橫、小說家。

這是班固《漢書・藝文志》訂下的排序，因為之前漢武帝罷黜百家，讀尊儒術，所以當時儒家已經被定為一尊了。我們現代比較常聽到的「儒、道、墨、法」四家，一般稱之為顯學。

至於有十家，為什麼只有九流？因為小說家不入流。根據班固的說法：「小說家者流，蓋出於稗官。街談巷語，道聽途說者之所造也。」簡單來說，他們就是把在大廟口、榕樹下、雜貨店聽到阿好嬸、阿山叔、三叔公、四嬸婆說的記錄下來，然後匯報給官方。用現在的說法就是「輿情收集中心」，俗稱抓耙仔！

農家：代表人物許行。主張君民共耕、共食，算得上是共產主義的急先鋒。

名家：代表人物公孫龍、惠施。強調邏輯辯證，最具代表性的一句話就是：「白馬，非馬。」

雜家：代表人物呂不韋。擷取各家所長，避其短。代表作《呂氏春秋》。

陰陽家：代表人物鄒衍。陰陽五行、相生相剋，後來衍生出陰陽讖緯之說。對後世的影響極大，諸如：風水、堪輿、中醫、相命、預言，皆由此而來。

縱橫家：代表人物蘇秦、張儀。是強調國際關係的務實主義，合縱連橫、縱橫捭闔。以三寸不爛之舌，遊走於各國之間，其信徒都是外交部長的最佳人選。

這些人物在歷史的的洪流中歸於塵土，但遺憾的是，他們留下來的著作大多在秦始皇焚書和項羽火燒阿房宮之後付之祝融，燒掉了……有沒有很開心？要不然，你的國文課本會比字典還厚！

那些古文教我們的事

很多人問我，為什麼古代的人講話這麼精簡？其實我估計以前的人也不是這麼講話的！那為什麼我們後來看到的《論語》跟其他古文對話會變成這樣？

我們得坐著時光機回到兩千五百年前，那個時候沒有原子筆、沒有打字機，也沒有 Word，只能刻在竹簡上。如果所有對話都要一字一句、一五一十照章刻下來，那就算他手沒斷，你讀了也會中風！

因此，所有對話為了刻寫方便、流傳後世，必須得精簡精簡再精簡。例如，小明和小華兩個人的對話原本是這樣的。

小明：「ㄟ，你等一下下課要去哪裡？」

小華：「憋了一上午了，我等一下要去上廁所！」

這段對話如果出現在《論語》，就會變成這樣。

明曰：「何往？」

華：「溺！」

但是後來發明了造紙書、印刷術，甚至宋代時畢昇還弄出了活字印刷，古人為什麼還是要寫文言文？

這有一個腹黑的說法。古代財富是教育的門檻，要讀書識字並不容易，要嘛有錢、要嘛有權。知識的話語權變成權貴階級的專利，也就是一種特權。既然如此，既得利益者自然不會輕易把福利放出來，即便你有基礎的識字能力，也要寫得讓你看不懂！

那出生寒門的呢？像歐陽修那一類的呢？嘿！他們自幼家貧、年少喪父，靠著母親含辛茹苦把他拉拔長大。好不容易一舉高中，變成了權貴一族，當然會更加珍惜十年寒窗苦讀的成果。所以，一樣要寫到讓你看不懂！

你可以稱這種現象叫做「知識的傲慢」，也可以稱之為「學術密碼」。就像法律條文，寫的都是中文，但你就是看不懂，這樣他們才可以繼續掌握優勢！很壞嗎？NO～人性而已。

其實古文就是這樣，你看得懂就好。從古自今，解釋《論語》的人多了個去，各派別的說法不一，各持己見。他們都不是孔子本人，我們也沒有要做學術研究。硬是要去參透每個字的解釋、各門派的說法，只會讓閱讀變得艱澀且索然無味。

2. 顯學四大家：儒家

我的同行，孔子

講到孔子，卜學亮唱的〈子曰〉這首歌詞寫得很精準，有段是這樣唱的：

孔子的中心思想是個仁　仁的表現是
己欲立而立人　己欲達而達人　己所不欲　他勿施於人
如以仁為本體　表現在具體的行為上　Come on everybody 一起來
對父母為孝　對兄弟為悌　對朋友為信　對國家為忠　對人則有愛心

曾子（就是被傳殺人，嚇到媽媽的那一位）說：「夫子之道，忠恕而已矣！」

但在下喜歡聊孔子的「仁」。讀古文的時候，常常要把一個字拆開來看，「仁」

這個字拆開，就是兩個人的意思。

自己一個人關在房間的時候，想幹嘛就幹嘛，想放屁就放，只要自己能承受就好；但兩個人的時候，你得在乎別人的感受。所以你會憋著！真的憋不住的時候……你也會分八段來放。這就是「己所不欲，勿施於人」的展現。

當然也不是自己一個人就可以亂搞，《禮記．中庸》說過：「君子慎其獨。」孔子的思想、哲學，不是不才我三言兩語可以講得清楚的，且容我藏拙，我們聊點別的。

至聖先「師」，這個「師」厲害在哪裡？有教無類，因材施教。

一個偉大的人物、偉大的時代都有個特色，就是把一個既定定義擴大解釋。耶穌把神只愛猶太人變成神愛世人；釋迦牟尼佛將種姓制度變成眾生平等；孔子把教育從貴族階級變成有教無類。

有教無類，不是有交錢我們就不分類。而是我教書不分階級、不論出生，但學費怎麼算？價目表：「三十而立、四十而不惑、五十而知天命。」也就是說，交三十塊的只能站著上課。交四十塊的可以問問題，問到沒有疑惑。交五十塊的可以知道明天考試的命題。什麼跟什麼啊！這是我小時候看笑話大全裡面寫的啦！

講正經的，高中國文課本講過，孔子收的學費叫作「束脩」。古代十串為一束，「脩」是肉乾，束脩就是十串肉乾的意思。孔門弟子有三千，所以，孔子嗑掉三萬串肉乾？這才真的是什麼跟什麼啊！而且吃這麼多肉乾，有罹患胃癌的風險吧！當然也有人解釋，在那個以物易物的時代，肉乾可以當成「硬通貨」，也就是可以當成錢。

另一種解釋，束脩應該為十五歲的意思。西周時代貴族要到學校上課，必須年滿十五歲，並且帶著「束脩」去，因此束脩引申為十五歲的意思。西漢鄭玄就在《論語》的注釋中說：「束脩，謂年十五以上也。」

不過束脩等於肉乾的說法還是為大眾所接受，所以後來民間拜師學藝的儀式中，除了磕頭、倒茶以外，通常還會奉上臘肉、香腸，作為「師父禮」。

因材施教這一點，更是讓我佩服到五體投地。

我承認孔子課上得比我好，跟孔子比起來，補習班的課不難上，學生大多同一個年紀，思想成熟度差異不大，有著同一個目標：聯考。但孔子不一樣，他的學生年紀差異大、range 寬，目標不一、產地不同。而且上課方式是採坐而論道、seminar 型式的教學風格。不同目標的學生會提出各種問題與疑問挑戰老師，而孔子則必須了解每個學生，給出最適合他的答案，這真是一種高難度的人生講堂。

不過在這邊要先溫馨提醒一下，你小時候寫作文常用的「子曰」，很多話都不是孔子講的！什麼食色性也、以德報怨、三思而後行……這些話都不是孔子講的，以後你寫文章的時候不要再栽贓到孔子的身上了。就像有一些名嘴，在電視上動不動就富蘭克林說、華盛頓說、愛因斯坦說。我只想說……你胡說！

食色性也，不是孔子講的，是孟子引用了告子的話，但是孔子倒是講過類似的話：「飲食男女，人之大欲存焉。」飲食就是吃飯，也可引申為物質生活；男女就是性，這個本來就是與生俱來的需求，不用刻意去避諱，如果你沒辦法接受這麼露骨的說法，可以改成「嘿咻」兩字指代。不過，孔聖人還有強調要合乎「禮」，也就是我們常講的要有「斬節」。

以德報怨，也不是孔子講的，是有人拿來問孔子。

或曰：「以德報怨，何如？」

子曰：「何以報德？以直報怨，以德報德。」

就是有人問孔子，以德報怨你覺得怎麼樣？孔子回答：「那拿什麼來回報對你好的人？要用正直的方法對付跟你有仇的人，對你好的你就也對他好。」所以在兩千五百多年前，孔子就教你不要當爛好人了！不然，不離不棄，被當北七（傻子）！你的善良要穿著盔甲，你的善意要帶有鋒芒。

「三思而後行」最能體現孔老夫子的因才施教。這句話出自《論語・公冶長》：

「季文子三思而後行。子聞之，曰：『再，斯可矣』。」

孔子有個學生叫季文子，這個人個性謹小慎微，要做事之前都要經過反覆的思考與推敲，才能付諸行動。這種情況其實不是壞事，連新加坡賭王陳金城[①]都跟我們說：「小心駛得晚年船，我明年才七十，還要留點錢擺壽宴！」只不過他敵不過賭神高進的主角光環，還沒到公海就殺人了，就算跟巴拿馬總統有交情都沒用。三思而後行，一味堅持小心駛得萬年船的態度，會不會到最後，萬年都沒駛船！因為等你都想清楚之後，魚也被抓完了。

閩南語有句俗話是這麼說的：「逐項算到著，算到逐項攏不著！」（每項算到對，算到每項都不對。）不是小心有錯，只是太過小心，每個環節都要反覆推敲到萬無一失，往往時機點已經不一樣了。天時、地利、人和，當你都計畫好之後，或許天時已過。

但是，如果是另一位學生子路說：「我都三思而後行！」那我想孔子會回答：「我建議你八思而後行會比較好。」

為什麼？因為子路的個性很衝動，衝動到近乎魯莽。陳金城看到也會忍不住說：「年輕人終究還是年輕人，太衝動了！②」所以因材施教的孔子對於同一個問題因人而有不同答案，會叫他多想一想。

對人生的洞悉

師者，所以傳道、授業、解惑，我很喜歡在課堂上談孔子。一個兩千多年前的人講的話，很多至今仍然適用，他對人性的洞悉不在話下。而且他教學生的不是高高在上，不可侵犯的道德標準，更多的是因人、因時、因地制宜的處世哲學。有大方向，但可以變通，可是底線猶在。畢竟孔子周遊列國十四年，林子大了什麼鳥都有，什麼場面孔老夫子沒看過！

孔老夫子對道德的要求不是一百分，而是七十五分。因為如果用完美的滿分作為標準，一來大家做不到，乾脆放棄；二來就算你真的做到了，也會活得很痛苦，人生到頭發現不快樂，紅塵一遭枉為人。

七十五分是一般人勉力為之皆可觸及的標準，大節要守、細節可鬆，簡單說就是不矯情。有能力可以幫幫身邊的人，甚至是陌生人，就算吃點小虧，只要無傷大雅也就算了。但如果要搞到傷筋動骨，那可得細思量，因為你得顧及自己的家人和往後餘生。

臺灣制訂教育政策的常常是那些蛋頭學者，常用他們幻想出來的那一套東西來教育所有的孩子。動不動就美國怎麼樣、歐洲怎麼樣。你知道嗎？他們的風土民情、社會結構和臺灣都很不一樣，拿著硬套，有事嗎？峇里島很美，北極熊很強，但把北極熊放在峇里島，必死無疑。

⊕孔子教我們的事

忠、孝二字是後代儒者的最高目標，在家為孝子、在朝為忠臣。但孔老夫子並不支持愚忠愚孝，君要臣死，臣不死不忠；父要子亡，子不亡不孝。這一套僵化的思想不是孔子的初衷。

子曰：「危邦不入，亂邦不居。天下有道則見，無道則隱。邦有道，貧且賤焉，恥也；邦無道，富且貴焉，恥也。」（語出《論語・泰伯》）

簡單來說，壞蛋統治的國家不要去。國君是公平正義的我們就挺身而出，國君是壞蛋我們就躲起來，不要幫他。在世道好且有公平正義的國家，你混得不好，那是你丟臉、落漆。在沒有公平正義的國家，混得好，那就是你可恥了。

對於孝順，孔子要求「色難」兩字，就是和顏悅色很難，很簡單但是你辦不到。我們最親近，對我們最好的人就是父母，但我們常擺臉色給他們看。外人對我們略施小惠，你就銘感五內。朋友請你吃頓飯、幫點小忙，你把他當麻吉、換帖、閨密。

父母照料三餐，一言不合你就大怒咆嘯。這種情況在青春期的孩子身上特別明顯，

你可能會說，我長大以後也會養他啊！江蕙有一首歌〈落雨聲〉是這麼唱的：

你若欲友孝世大嘸免等好額　世間有阿母惜的囝仔尚好命

嘸通等成功欲來接阿母住　阿母啊　已經無置遐

棺材是裝死人，不是裝老人，所以三不五時，愛要及時。而且你以為扶養父母就算孝順了嗎？

《論語．為政》：「子游問孝。子曰：『今之孝者，是謂能養。至於犬馬，皆能有養。不敬，何以別乎？』」

你養寵物、養狗、養貓，也是在養啊！對雙親如果沒有敬愛之心，那有差別嗎？說不定你對貓狗還比對父母好。

講到這邊，你可能會覺得怎麼又是這一套。你們不懂啦！家家有本難念的經，不是每個家庭都有好爸爸、好媽媽。我懂～孔子也懂！

曾子有一次被他爸爸打，打到昏迷住院。出院之後還很開心的說：「你看，我很孝順吧！」（看來曾子被打傻了）

孔老師聽到之後勃然大怒，說了這句話：「小棰則待過，大杖則逃走。」就是說，如果你爸拿「厚速共③」抽你，你就讓他抽兩下唄。但如果他是拿西瓜刀要砍你，你就跑給他追！衍生的意思就是，如果父母有一些不合理的要求，不要太過分，你就吞了！但如果誇張了、會傷筋動骨，那你就得閃，至於怎麼閃？這就是個人的智慧了！

可惜的是，孔子的哲學被後世的讀書人和當官的僵化、扭曲了，漸漸的，變成了腐儒們的遮羞布。

儒家開副本：荀子

在儒家，荀子是個特殊的存在。有別於孟子的人性本善，荀子主張人性本惡，他認為人一出生就是自私、貪婪的。不信嗎？來！我們做個實驗。你現在走在路上，看到一張一千塊、一張五百塊、一張一百塊，你會撿哪一張？當然三張都撿啊！哈哈哈！

貪婪！就跟你說，人一出生就是自私、貪婪的！這就是原始的本性。如果沒有加予控制、矯正，那就有很大的概率會走鐘！你可能會說：「我會撿去警察局，交給警察杯杯。」沒錯！那是因為你受過教育，也尊重法律。但那是後天的教育，並非原始本性。

不過荀子不是要我們放棄人性，而是告訴我們：「人性本惡，其善者偽也。」「偽」這個字怎麼解釋？虛偽？偽裝？假的，是你眼睛業障重？這位朋友，你上課不專心喔！在孔子那段跟大家提過，讀古文的時候，常常要把一個字拆成兩個字來看。「偽」者，人為也。也就是說人性本惡，是「人為」的力量讓他變成善。而荀子主張這個人為的力量就是教育，教之以「禮」，禮就是一種規矩、制度。

再舉個例子，你坐公車或捷運的時候，旁邊的乘客下車了。他的手機 iPhone11 落在座位上，你會不會據為己有，拿了就走？不會，因為……你有 iPhone12 嗎？不是啦！是因為你受過教育，知道這是不對的行為，但如果是一個三歲的小朋友呢？

所以荀子主張用教育可以把人從惡變成善。那如果是大人，卻一樣拿著就走呢？嘿！基金投資有賺有賠，教育當然也有成功跟失敗，不然要法律與公權力幹嘛？

有趣的是荀子有兩個高徒，李斯、韓非。他們完全服膺於人性本惡的說法，認為人性既然是惡的，那就沒辦法讓他變成善，只能用法律來限制他不要去做惡。於是乎，李斯跟韓非兩位高材生轉學了！轉到了法家，並且成為法家的代表人物。

⊕荀子教我們的事

到底是人性本善還是人性本惡？性善與性惡的爭論超過了兩千年，就好像先有雞還是先有蛋一樣。人之所以異於禽獸，在於我們有人性的光明面；但有些人還是會幹出禽獸般的事情，就在於人性也有黑暗的一面。

很長的一段時間裡，荀子被視為儒家的異端，大部分時候，古人服膺的是孟子的人性本善。沒有人會願意承認「我很壞、我是壞蛋」，漸漸的，我們避談人性本惡這個議題，儒學也就變成了文人、官員的遮羞布。

小時候讀的《三字經》開宗明義不就是「人之初，性本善」，這造成了我們不切實際的期待。我們期待著由一個好人來領導我們、統治我們，而且是永遠不會變壞的好人。不論權力的果實有多甜美，利益的誘惑有多大，魔鬼怎麼引誘他，他依舊可以一本初衷的秉持著視民如親、悲天憫人的情懷。常有人問我：「你最崇拜的皇帝是誰？」不好意思，我不推崇獨裁者，沒有一個獨裁者值得你去崇拜。

「好皇帝不崇拜嗎？」他現在好，不代表他以後會一直好。而且他分分鐘都可以弄死你，對他來說，你就像一隻他豢養的寵物。我可以善待你，但也隨時「可割可棄」。你的追捧只是因為災難沒有降臨在你的頭上，或者是，還沒降臨到你頭上。聰明如你，怎麼會把自己的生命財產安全交到別人的手上？並且全憑他人之情感、喜好。

當然，我不推崇獨裁者，不代表我不想當獨裁者。因為真的很爽！所以我的粉絲團叫做「呂捷歷史　朕即天下」。嘿！人性本惡嘛！

民主政治其實就是建立在對人性的不信任，因為人會變。所以我們不能倚靠著感性的支持，而是用理性的制度來維持，也就是法律。不過儒家終究戰勝法家成為主流，這或許就是為什麼我們講究「情理法」，而西方社會講究「法理情」吧。

①新加坡賭王陳金城：電影《賭神》裡的大反派，這段對話即為電影情節。

②年輕人終究還是年輕人：電影《賭神》裡，陳金城的經典臺詞。

③厚速共：閩南語發音，指塑膠水管。

3. 顯學四大家：法家

為君王服務

儒家是學術思想上的主流，法家是帝王統治學上的骨幹。所以我們常講，對帝王來說向來都是「陽儒陰法」，表面上是儒家，骨子裡是法家。

法家的特色是為帝王提供服務，一切的理論基礎在於如何讓國家進行最大限度的擴張。所以法家你不能把它當成哲學來看，它是一門政治學。包含了經濟、法律，和行政管理學。代表的人物非常多，有輔佐齊桓公的管仲、協助秦孝公變法的商鞅、秦始皇的宰相李斯，以及集大成者韓非。

法家的立論基礎建立在「性惡論」與「為君王服務」，在執行的面向上分成「法術勢」三派。

重法派，強調用法律來管理人民，商鞅就是這一派。當國家的法律制度夠完善，就可以達到「君無為，法無不為」的境界。也就是說，君王可以當甩手掌櫃，國家不用你來管，會有一套法律制度和官僚系統來幫你運作。但這有個重要的前提，就是對法律的「尊重」。

就拿讀書時期來說，學生向來以挑戰制度、挑戰校規為榮。明明有對於服裝儀容的要求、對髮長、髮型的限制，但是，我偏偏不理！在教官與訓導主任看不到的地方，我大鳴大放、發揮想像力的極限。校服一定要訂做，襯衫的口袋要打褶，而且要褶三條槓；短袖的袖子要「做山」還要釘扣子；西裝褲要嘛做成喇叭褲、要嘛繃到蹲下時蛋蛋會痛；書包要拉鬚、背帶要調到最短，一切以達到「趴（拉風）」為最高指導原則。

老師音樂請下，BEYOND的〈海闊天空〉

原諒我這一生　不羈放縱愛自由　也會怕有一天會記過

回想起當年的造型，真是羞愧到無地自容！怎麼可以這麼「俗」！但這都是為了展現不悔的青春與……對權威和校規的挑戰。誰叫校規這麼不合理、不合情。

我們的社會也一樣，如果你去看六法全書，你會發現有一大半的法條基本上是用不到的，那為什麼還要訂這麼多法條呢？在黨國體制的時代，只要你做順民，這些法條就與你無關。不過一旦你有什麼破壞社會和諧與違反領袖意志的作為時，這裡隨便都可以找到一個法條來整你。當年黨外人士就是受害者，不過換他們執政之後，突然發現這招還滿好用的。於是乎，「與時俱進」跟「行之有年」也就在掌權者的股掌之中。「司法像月亮，初一十五不一樣」、「法律千萬條，要用在你喬」雖然是玩笑話，但往往讓人笑著笑著就哭了。

我們不缺法律，缺的是對法律與制度的尊重。應當立法從寬、執法從嚴，而不是立法從嚴、執法從寬，這就是法家「重勢派」的主張。重勢派主張君王要有威勢以及賞罰分明。正所謂：「桀為天子，能制天下，非賢也，勢重也；堯為匹夫，不能正三家，非不肖也，位卑也。」（語出《韓非子．功名》）

重賞之下必有勇夫，重罰之下皆是懦夫。

最後，「重術派」強調君主的統治之術，身為一個統治者，最基本要做到「喜怒不形於色」。也就是說，君王要隱藏自己的喜怒哀樂與好惡，不能表現出情緒，喜歡什麼不能讓臣下知道，討厭什麼也不能讓臣下知道。不然他們容易投其所好，蒙蔽你的眼睛。司馬光的《資治通鑑》就提到：「吳王好劍客，百姓多創瘢；楚王好細腰，宮中多餓死。」上有好者，下必甚焉。李登輝喜歡打高爾夫，國內開始大行其道；馬英九喜歡慢跑，各種慢跑的盃賽應運而生。君主的好惡不只是個人的事，在上位者不可不察矣！

⊕那些年法家教我們的事

法家的集大成者韓非認為，法術勢三者缺一不可。法家雖然是帝王之學，但並不僅為帝王所用。只要是管理者，法家學說都可以當你的參謀。大到一個國家、企業集團，小至一個工作小組，甚至是家庭，都有可以指點你的地方。

最講信用的其實是法家，律法無情、令行禁止。當你身為一個領導人，在公事上你說出來的話就是「規矩」。君當然也可以有戲言，但不是在正事與制度上。身為一個 leader，能幽默風趣當然很好，這可以為你的人緣加分。但必須要有取捨時，你希望大家說你「人很好，是個好人」，還是「很成功」？

4. 顯學四大家：墨家

當代諾貝爾和平獎得主

墨家的代表人物為墨子。墨子，姓墨名翟，魯國人，主張兼愛、非攻、節用、尚賢等。

兼愛，是沒有差別的愛，不分親疏、國別、種族的愛。非攻，反對不義之戰。注意喔！是反對不正義的戰爭，不是反對戰爭。不正義的叫「攻」，符合正義的叫「誅」。當你面對不義之戰時，你可以找墨家派人來幫你「守」。當年楚國要去攻打宋國，墨子就曾為宋國出過力，這是歷史上第一次正式的兵推。

事情是這樣的，魯班（號稱春秋戰國時代的愛迪生，班門弄斧的「班」指的就是他）發明雲梯給楚國，用來攻打宋國，墨子趕緊跑到楚國說服魯班與楚王。雙方談不攏，於是墨子當場寬衣解帶……（喂！這畫風怪怪的）我沒有亂講！墨子當下解下衣帶做為城牆，用竹片當作防守機械的道具，雙方開始進行攻防推演，就像「打電話問功夫」一樣。

「我用『納爾遜式鎖』鎖住你！」

「『納爾遜式鎖』這麼小兒科，我豎起兩根手指，四十五度角往上斜插，沒有插到眼睛也能插到鼻孔，把你的空氣挖光！」

「我使出『霹靂追魂鎖』！」

「我用猴子偷桃！」

「我又出了一招『鴛鴦乾坤麻花鎖』！」

「我拿電話打爆你！」

過招幾回合後，魯班已經沒招了，然而墨子還有一招大絕，雙腳凌空飛起、一百八十度旋轉夾下去的奪命剪刀腳①還沒用。魯班不服氣的說：「我還有辦法對付你，但我不說。」墨子也不甘示弱：「你想的我都知道，但我也不說。」就像情侶拌嘴一樣僵持不下，像極了愛情。

楚王在旁邊聽得一頭霧水，心想，乾脆弄死墨子，一切不就解決了！墨子早就看透了楚王的套路，跟楚王說：「殺了我也沒用，我已經安排了我的學生禽滑釐到宋國stand by，你若要來真的，我就跟你死磕到底。」於是，楚國取消了滅宋計畫。

兼愛與非攻

以前說墨家之所以稱為墨家，是因為墨子姓墨。這件事得打一個問號，甚至，墨子是不是姓墨的都說不準。

根據錢穆老師的研究，墨家之所以稱為墨家，跟墨家的成員受過「墨刑」有關。墨刑是古代的刑罰之一，就是在你的臉上刺青。誰要被人在臉上刺青？奴隸。因為古代沒有身分證②，主人怕奴隸跑掉，所以在他們臉上紋上XX家的奴隸、〇〇家的奴隸。而奴隸的盛產期在什麼時候？戰爭頻起之時，這些戰敗的俘虜被發配為奴隸。換句話說，墨家的成員是戰爭的受害者，所以他們反對戰爭，主張非攻。墨家一切思想都緊扣在這兩個字上面。

為什麼會有戰爭？因為人們心中沒有愛，所以墨家主張「兼愛」，沒有等級差別的愛。別人的父母也是父母，愛別人的父母，要像對待自己的父母；愛別人的孩子，要像愛自己的孩子。這跟儒家有層級上的不同，孟子主張「親親而仁民，仁民而愛物」。就是要先愛自己的親人，再對陌生人好，最後有餘力才愛護天地萬物。因此孟子罵墨子「無父」。

還有什麼情況會發生戰爭？壞蛋來領導國家。所以墨家主張「尚賢」，讓賢能的人來領導我們，類似柏拉圖的「由哲學家來治國」。

還有什麼情況會發生戰爭？爭奪資源。所以主張「節用」，珍惜資源、節省開銷、降低物慾。

最後用宗教來喚醒你的道德良知、限制王權、穩定民心，「天志、明鬼」。

為了避免戰爭，除了上述理論性的主張以外，墨家還組成了「戰國維和部隊」。NOKIA說：「科技始終來自於人性。」呂捷說：「科技始終來自於戰爭。」墨家僱傭兵團的主要業務內容，就是幫助一些小國與弱國抵抗大國的入侵。為了以小搏大，他們發明了許多新武器。而這些武器的創造必須有科學基礎，所以墨家在物理學、邏輯學、幾何學、代數學、光學等學科都有研究。打仗除了要有武器以外還要有組織，墨家的組織極為嚴密而且有嚴格的紀律。墨家的成員自稱墨者，電影《墨攻》裡面飾演主角的劉德華就自稱「墨者革離」。對領袖的稱呼則為「鉅子或巨子」。

有道是：「不入於儒，即入於墨。」「天下之言，不歸楊（楊朱，一毛不拔那一位）則歸墨。」墨家擁有崇高的理想，「興天下之利，除天下之害」，是春秋戰國時代的顯學，與儒、道並駕齊驅、分庭抗禮。而且嫻熟於守城戰法並投入戰場，非紙上談兵，為各國國君所倚重。

① 奪命剪刀腳：電影《逃學威龍》《賭俠2之上海灘賭聖》裡王局長的獨門招式，在周星馳系列電影中成了經典，「打電話問功夫」也出於此，至今依然是影迷津津樂道的橋段。

② 歷史上最早出現類似身分證的東西，是明代的「牙牌」。

5. 顯學四大家：道家

清淨為無，順應自然：老子

道家的代表人物為老子、莊子兩位。

老子何許人也？光是要討論這件事就可以開一場學術研討會，發表百八十篇論文。由於篇幅有限，我們就用國文課本以及歷史課本的說法，跟大家介紹一下這位千古奇人。

老子，姓李名耳，為道家的始祖，著有《道德經》一書。由於後來的道教常借用或假託道家的思想、論述，所以也被道教稱為「太上老君、道德天尊」。臺灣民間信仰裡，很多人認為最高神祇是玉皇大帝，其實是不正確的。玉皇大帝之上還有「三清道祖」，分別為：元始天尊、道德天尊、靈寶天尊。不過就史論史而言，老子跟道教其實根本沒有一丁點關係。

老子的中心思想是無為。「無為」不是什麼都不做的意思，是不要刻意的用人為去限制。例如，我們立法通過以後一月一號開始是春天，禁止寒流來襲。有意義嗎？負北極震盪、霸王級寒流一樣會讓你冷到皮皮挫。所以曰「清淨無為，順應自然」。

《道德經》五千言，是老子一生智慧的結晶。分為兩部，道經三十七章，德經四十四章，共九九八十一章。詞藻簡約優美，而且善用對比、對仗、頂真等修辭法，節奏明快讀起來非常舒服，是很有節奏感的古文。

第一章就開宗明義告訴我們「道可道，非常道」，也就是說，可以說出來的道，就不是永恆無變的道。「道」是無法用語言來定義的，語言的描述力是有極限的，你只能無限接近，但依舊無法「等於」，道只可意會不可言傳。我個人的體會是，道是萬事萬物的本質與其衍化的價值觀。而「道法自然」，所以「道」會隨著時空、環境改變。有沒有覺得更虛無飄渺了……

舉例來說，五百年前，「君要臣死，臣不死不忠；父要子亡，子不亡不孝」是真理，放在現在你會鳥他嗎？就像愛情觀也會隨著時空、環境不同而改變，從至死不渝、望你早歸，「變成」下一個男人也許會更好，甚至主動出擊，「變成」感情的世界裡，不被愛的才是第三者。

而九九八十一章的最後一章，更是可以拿來套用在我們的生命經驗中：「信言不美，美言不信。善者不辯，辯者不善。知者不博，博者不知。」

我們身邊有一些人講話很好聽，但不值得你信任，而真正該相信的話卻往往不好聽。善良的人，不擅於爭辯。好辯之人，往往不見得善良。就像有人說我帥的時候，我不會相信他！因為，我是瀟灑、飄撇！

老子還有很多名言足以做為人生借鏡，諸如：

大道廢，有仁義；智慧出，有大偽；六親不和，有孝慈；國家昏亂，有忠臣。

禍兮福之所倚，福兮禍之所伏。

民不畏死，奈何以死懼之。

子非魚，安知魚之樂

道家的另一個代表性人物，莊子。莊子，姓莊名周，戰國晚期宋國人。從世俗的角度來看，他借錢度日、窮途潦倒、混得不好，但一生灑脫、自命逍遙。莊子擅長以寓言故事表達人生觀，他說過的故事後來也都變成成語典故，如：莊周夢蝶、庖丁解牛、朝三暮四、井底之蛙、夏蟲語冰……都是莊子的傑作。而他這麼多故事裡面，最為人所津津樂道的就是與惠施的「濠梁之辯」。

莊子與惠子遊於濠梁之上。莊子曰：「儵魚出遊從容，是魚之樂也。」惠子曰：「子非魚，安知魚之樂？」莊子曰：「子非我，安知我不知魚之樂？」惠子曰：「我非子，固不知子矣，子固非魚也，子之不知魚之樂，全矣。」

看不懂沒關係，簡單來講就是，有一天莊子和惠施一同去郊遊，兩人走到了一座橋上。

莊子跟惠施講：「你看，魚游得好快樂唷！」

惠施一聽：「你又不是魚，你怎麼知道魚快不快樂？」

莊子：「你又不是我，你怎麼知道我知不知道魚快不快樂？」

惠施：「嘿！因為我不是你，所以我不知道你知不知道魚快不快樂。所以你不是魚，你不知道魚快不快樂！」

魚到底快不快樂，關我屁事！對我來說重點不在於邏輯，在於立場。我們習慣用自己的眼光去看世界。因為莊子快樂，所以他覺得魚快樂。而惠施是名家的，他講究理性的邏輯，所以才會發生這一場感性與理性的對話。

6. 我的腦袋，我做主！

在我的理解裡，孔子參透了人性，韓非參透了政治，墨子參透了正義，而老子參透了生命與自然。各家都有他們的長處，也有他們的不足。我們應該取其長，而避其短。

但重點在於，我們要有選擇的權力。

春秋戰國時代是中國思想最自由的時代，各門各派、百家爭鳴。每個學者根據社會關心的議題，表達他的意見、闡揚他的論述，並提出了解決之道。

但秦始皇不讓你選，漢武帝直接幫你綁訂。如果連思想的自由都沒有，談何創造，更遑論文化。可悲的是，秦皇漢武向來是電視劇吹捧的題材，更有人謂其霸氣，推崇備至。

西元前二二一年，秦併六國統一天下。自由的思想被摧毀，很多人以為取而代之的是法家思想。NO！取而代之的是沒有思想也不能有思想，這是文化上的浩劫。法家是一套管理學、統御學，很多老闆奉為圭臬。但奉行法家治術的秦帝國為何二世而亡？中國史上第一個大一統帝國的秦朝，為什麼只有短短的十四年就結束了？

欲知後勢如何，請待下回分解。

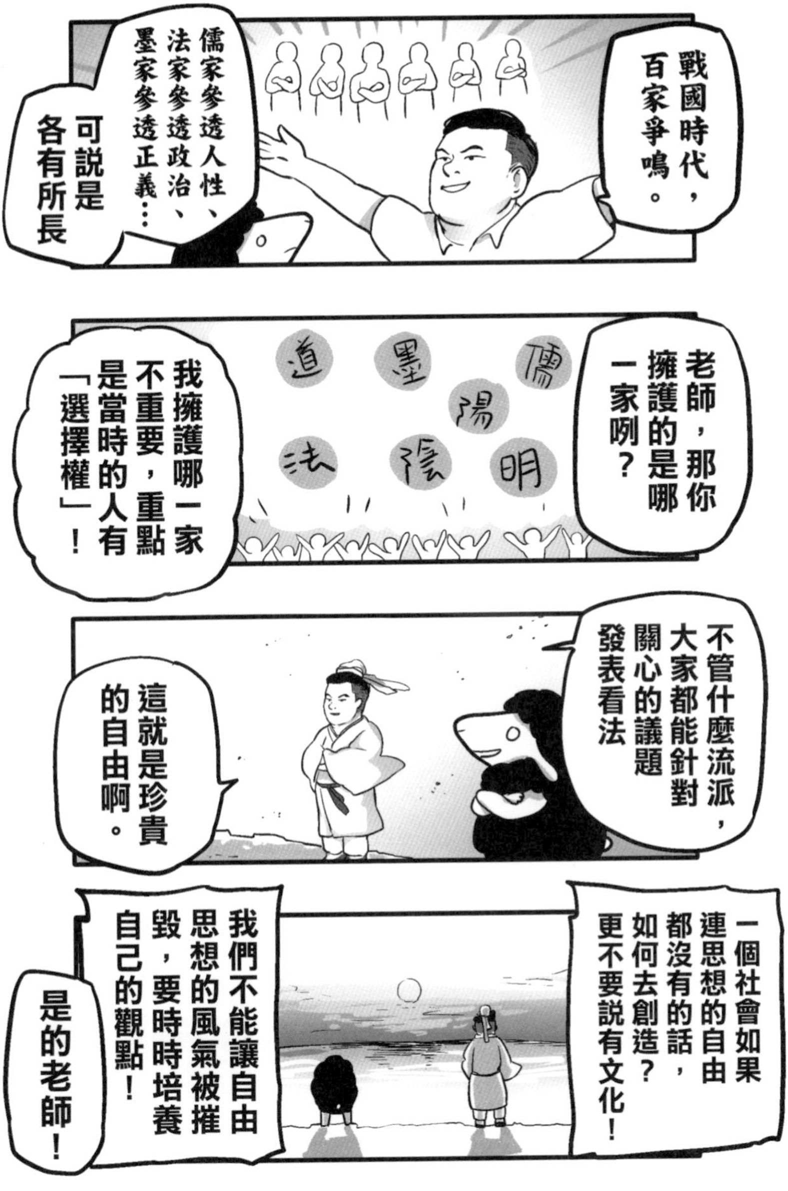
戰國時代，百家爭鳴。
儒家參透人性、法家參透政治、墨家參透正義……
可說是各有所長
老師，那你擁護的是哪一家咧？
儒
陽
墨
道
明
陰
法
我擁護哪一家不重要，重點是當時的人有「選擇權」！
不管什麼流派，大家都能針對關心的議題發表看法
這就是珍貴的自由啊。
一個社會如果連思想的自由都沒有的話，如何去創造？更不要說有文化！
我們不能讓自由思想的風氣被摧毀，要時時培養自己的觀點！
是的老師！

Eurasian Publishing Group
圓神出版事業機構
用心與你對話・網野無限寬廣
圓神出版社
Eurasian Press
www.booklife.com.tw reader@mail.eurasian.com.tw
圓神文叢 303

社會在走，歷史要懂：呂捷開講

作　　者／呂　捷
插　　畫／蠢　羊
發 行 人／簡志忠
出 版 者／圓神出版社有限公司
地　　址／臺北市南京東路四段50號6樓之1
電　　話／（02）2579-6600・2579-8800・2570-3939
傳　　真／（02）2579-0338・2577-3220・2570-3636
總 編 輯／陳秋月
主　　編／賴真真
責任編輯／吳靜怡
校　　對／吳靜怡・歐玟秀
美術編輯／林雅錚
行銷企畫／陳禹伶・林雅雯
印務統籌／劉鳳剛・高榮祥
監　　印／高榮祥
排　　版／陳采淇
經 銷 商／叩應股份有限公司
郵撥帳號／18707239
法律顧問／圓神出版事業機構法律顧問　蕭雄淋律師
印　　刷／國碩印前科技股份有限公司
2021年9月 初版
2024年1月　19刷

定價330元　ISBN 978-986-133-781-4

匹夫之勇也是魯蛇的特徵，姑且不論韓信打不打得贏，要是不小心打到蔡興葛屁了，光是市場圍觀的民眾出庭作證，韓信這個牢勢必會做到屁股長瘡。而且古代「殺人者死」是鐵律啊！當年可沒有廢死聯盟喔，沉得住氣，這是韓信跳脫魯蛇的第一步。

——《哥教的不是歷史，是人性》

國家圖書館出版品預行編目資料

社會在走，歷史要懂：呂捷開講／呂 捷 著.
-- 初版. -- 臺北市：圓神出版社有限公司，2021.09
224 面；14.8×20.8公分. -- （圓神文叢；303）
ISBN 978-986-133-781-4（平裝）

1.春秋戰國時代 2.通俗史話

610.9　　110011535

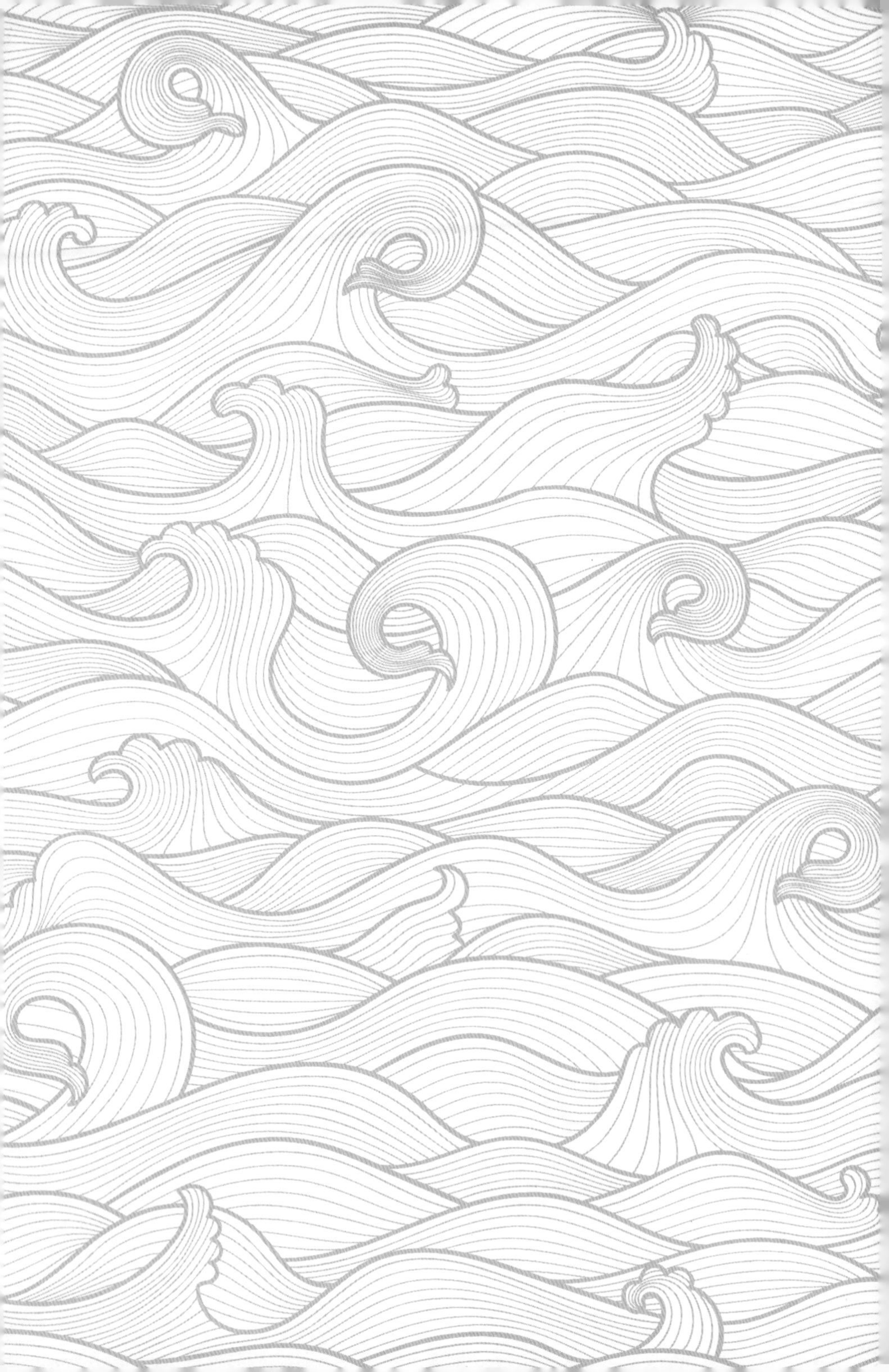